舌尖上的外交

從幕末到明治，細數日本近代史上最美味的算計

歴史のかげに美食あり
日本饗宴外交史

黒岩比佐子／著
陳心慧／譯

前言

自古以來就有「每一段歷史背後都有一個女人」的說法。

當權者受到女色的迷惑，左右國家命運的例子屢見不鮮。的確，常言道：「如果埃及豔后的鼻子塌一點，或許歷史就重寫了。」然而，推動歷史的不僅是妖豔的美女。

十九世紀初，《美味的饗宴》（*Physiologie du Goût*）一書的作者薩瓦蘭（Jean Anthelme Brillat-Savarin），曾針對「美食學對政治的影響」做出了以下陳述（出自《美味的饗宴》，日文版由關根秀雄翻譯）：「美食是政治的手段，許多時候，人民的命運就是在宴會上被決定的。這既不是悖論，也不是什麼新奇的理論，而是眼之所見的事實。翻開從希羅多德到現代為止的所有歷史書，從中可以看出，包括謀反在內，所有前所未聞的重大事件幾乎都是在宴會上構想、籌措和準備的。」[1]

我認為這段話道出了真相。吃飯是政治的手段，外交必定伴隨設宴。根據薩瓦蘭的說法，就連要發動戰爭或維持和平，都是在宴會上決定的，正可謂「歷史的背後皆有美食」。

在招待重要客人的宴席上，想必少不了美酒佳餚。美酒佳餚具有幫助人們打開話匣子的戲劇性功效，當人受到熱情款待，想必無法心懷惡意。一起喝酒、一起吃飯，能使人敞開心胸談天說地。

相反地，換作招待沒有那麼重視的客人，或是沒有什麼好感的人時，無論是菜色或數量，一般都會比較低階。如果吃的是法國料理，想必花費在紅酒上的預算也大不相同。可說只要留意菜單內容，就能讀出宴會主人的意圖。

那些左右近代日本歷史的重大事件，在交涉、設宴或密談的餐桌上，究竟端上了什麼樣的料理呢？宴席的菜單透露出什麼樣的訊息？各個掌權者在餐桌下又做了哪些試探？

從幕末至明治末期為止的半世紀，日本逐漸西化，是發生巨大轉變的時期。若能從宴席的菜單解讀當時發生的事件，想必是一件非常有趣的事。

我基於這樣的想法開始收集資料，陸續發現許多令人意想不到的真相，也為當時日本人講究美食的程度感到吃驚。

末代將軍德川慶喜賭上幕府的威信，招待外國公使享用豪華的法國料理。然而，德川幕府最終仍走向滅亡，開啟了明治時代。

年輕的明治天皇坐上君主的寶座，扛起皇室外交的使命，負責主辦宮中晚宴。話雖如此，除了日本料理以外，至今沒有吃過其他料理的天皇，為了以法國料理招待外賓可是費盡了苦工。

井上馨為了修改與列強簽訂的不平等條約，使用強硬的手段推動歐化政策，創建鹿鳴館。許多人不知道以舞會聞名的鹿鳴館，同時也是端出最高級酒品和料理的地方。

伊藤博文喜歡吃河豚，據說他在出席於下關舉辦的日清議和會議（按：馬關會議）時，也曾享用河豚。而於哈爾濱遭到暗殺的他，在日本吃的最後一道食物，正是下關的河豚料理。

日俄戰爭的幕後英雄兒玉源太郎曾奔赴好友乃木希典陷入苦戰的旅順，成功開出一條活路。在祝賀攻陷旅順的慶功宴上，前來視察的外國武官紛紛將香檳淋在兒玉身上，想必這是日本首次的「香檳浴」。

歷代日本首相當中，西園寺公望是公認的美食家。現代的日本人會花錢買礦泉水，但在過去，從來沒有人會從國外買「水」。然而，西園寺卻曾經特地從法國購買自天主教聖地露德聖母洞湧出的「露德聖水」來喝。

獄中的階下囚吃的都是最粗糙的食物，但根據幸德秋水於一九一一年（明治四十四年）元旦在獄中所寫的漢詩，獄方在除夕夜端出了蕎麥麵，而元旦則有年糕可吃。因犯下大逆罪被捕，已經做好赴死準備的幸德秋水，在吃下年糕的十七天後被判死刑，並罕見地在六天後就遭到處決。不知道他是以什麼樣的心情，吃下人生最後的年糕？

人類要靠吃才能延續生命，而歷史由人類創造，如果從「飲食」的觀點探討歷史，想必可以看見不同的面向。本書將以幕末至明治時代為中心，探索各個歷史事件的「主角」都吃了些什麼，這些飲食又是如何與時代緊緊相繫。

譯註

1 中文版引自薩瓦蘭著，李妍譯，《美味的饗宴：法國美食家談吃》，時報出版，二〇一五。

目次

第一章 不滿本膳料理的美國海軍准將

——馬修・培理

喚醒太平美夢的黑船事件

「黑船事件」在幕末的日本引起前所未有的騷動，而這起事件的主角是美國海軍准將馬修・卡爾布萊斯・培理（Matthew Calbraith Perry）。作為敲開長達兩百餘年沉重鎖國大門的人，日本人想必今後也絕不會忘記培理這個名字。

培理的艦隊最早於一八五三年七月八日出現在浦賀海面，相當於日本的嘉永六年六月三日。當時美國的紀錄使用的是陽曆，而日本的紀錄則是使用陰曆，兩者記載的日期有所不同，往往令人感到困惑，因此以下將以陽曆為主，並標註陰曆。此外，日本從明治五年十二月三日起實施陽曆，由於以當日作為一八七三年（明治六年）的元旦，因此明治五年十二月實際上並不存在。

美國為要求日本開國，曾三度派遣使節，但都沒有成功。尤其是在培理之前負責與日本交涉的海軍准將貝特爾（James Biddle），由於態度過於友好，而嘗過軍艦遭幕府驅趕的恥辱。培理為了不重蹈覆轍，除了誇示實力之外，更拒絕與幕府閣員階級以下的人會面，並下定決心，如果幕府不願收下美國總統的親筆信，即便動用武力，也要將國書送到江戶城。

為此，培理請求美國政府派遣十二艘艦隊——包括四艘最先進的蒸汽軍艦在內——遠征日本。然而，正如狂歌「上喜撰（蒸汽船）[1]喚醒太平夢，僅四杯便徹夜難眠」所詠的一般，實際上培理只率領了四艘船艦（其中兩艘是蒸汽軍艦）來到浦賀。

然而，從未見過蒸汽船的日本人被吐出黑煙高速前進的船艦嚇破了膽。怪異的「黑船」流言立刻傳遍大街小巷，人們心生恐懼，大大地撼動了日本。培理原本還擔心被縮減到四艘的艦隊不具威嚇效果，結果不過是杞人憂天罷了。

一八五二年十一月二十四日，培理乘著蒸汽軍艦密西西比號（Mississippi）朝著遠東出發，而另外三艘船艦已經在中國，他原本打算等待其餘八艘整備完畢後，出發加入他所率領的東洋艦隊。然而，由於發生各種意外，最終僅有四艘船艦前往日本，與他當初計劃籌組十二艘艦隊的構想相去甚遠。

密西西比號進入印度洋，中途停靠錫蘭、新加坡，於一八五三年四月六日抵達香港。培理於上海將艦隊的旗艦改為大型蒸汽軍艦薩斯奎哈納號（Susquehanna），並且轉乘該艦，首先駛向琉球（沖繩）。

在琉球接受豪華的設宴款待

一八五三年五月二十六日，培理率艦隊抵達那霸港。當時的琉球同時向日本的薩摩藩和中國進貢，究竟隸屬哪一方的問題曖昧不明，不過培理是站在琉球隸屬於日本的立場與琉球政府接觸。

琉球政府雖試圖阻止培理訪問王宮，但培理不予理會，組了一支包括軍樂隊和陸戰隊在內約兩百人的隊伍，直闖首里城。對此示威行動感到懼怕的琉球政府，不得已打開城門，迎接培理一行人。

由土屋喬雄、玉城肇翻譯成日文的《培理提督日本遠征記（二）》（*Narrative of the Expedition of an American Squadron to the China Seas and Japan*）中，描述培理接受琉球政府設宴款待的內容如下：

宴會上有一道所有美國人都不知道是用什麼材料做成的佳餚，可能是豬肉。而西洋人也熟知的佳餚包括染成紅色並切成薄片的水煮蛋、魚板、油炸的魚、烤魚冷盤、切碎的豬肝、砂糖點心、小黃瓜、芥子、鹽漬白蘿蔔片、炸豬肉片等。……總共十二道佳餚，最初的八道都是湯品。其他四道分別是生薑點心、用豆芽和小洋蔥做成的沙拉、一籠看起來像是暗紅色的水果，但實際上是用薄薄一層麵皮包裹柔軟的砂糖塊製成的丸子，以及將炒好的蛋和香味十足的白色細長根莖類拌在一起的精巧拌菜。

由於宴會上的菜色非常少見，遠征隊的紳士們努力表現出殷勤的態度，慎重地享用佳餚。在吃完第十二道菜的時候被告知還有十二道菜，但我們恭敬地離開了。

培理似乎非常滿意在琉球接受的款待和料理。想必是因為沖繩料理與中國菜相似，都使用豬肉和油。也許是因為培理對沖繩料理留下深刻的印象，導致對日後吃到的日本料理感到失望。

七月二日，培理率領著有四艘船艦的艦隊從那霸出發，前往日本。原本應該前來會合的艦隊，終究連一艘也沒有出現。派遣培理的美國總統是輝格黨（日後的共和黨）的菲爾莫爾（Millard Fillmore），但在培理出發之後，民主黨的皮爾斯（Franklin Pierce）贏得總統人選，改採「反對帝國主義、不侵略」的外交方針，對於與日本的開國交涉態度消極。因此培理的遠征一開始稱不上是一帆風順。

打開鎖國大門的《日美親善條約》

若從不同的角度眺望歷史，會發現令人意外的事實。例如，明治天皇的生日是嘉永五年九月二十二日（陽曆一八五二年十一月三日），而培理正於同月從美國出發遠征日本。這個宮廷期待已久的男孩被命名為「祐宮」，在培理出現於浦賀的前一個月（嘉永六年五月五日），舉辦了首次的端午節祝賀儀式。

之後，孝明天皇於慶應二年（一八六七年）過世，十四歲（虛歲十六歲。以下以實歲標記）的天皇睦仁登基，自一八六八年改元「明治」開始，經歷了四十五年的驚濤駭浪。如果培理晚個幾年來到日本，想必明治天皇的命運也會大不相同。

關於培理的日本遠征，在他回國後發行了許多相關文獻，從《大日本古文書幕末外國關係文書》等資料中，也可了解當時日本的應對方式。幕府依照往例，試圖請培理移師長崎，但培理的艦隊繼續停留在浦賀，一動也不動。同時，培理還命令下屬應付日本來的使者，不親自出面。此外，兩艘蒸汽軍艦也在海上冒出黑煙，進行威嚇。

如前所述，以浦賀為首，黑船的到來在江戶人之間引起很大的騷動，幕府也緊急計劃在品川沿海興建砲台。然而，幕府深感這次的對手強硬，與過去不同，最終允許培理從久里濱登陸，並接受美國總統的國書，時值一八五三年七月十四日（嘉永六年六月九日）。培理約定於明年春天回來聽取答覆，之後便經由那霸回到香港。

然而，情勢卻愈發緊迫。在培理離去後不久，普提雅廷（Yevfimiy Vasilyevich Putyatin）率領四艘俄國軍艦來到了長崎，與日本交涉簽訂通商條約，但最終沒有成功。培理得知此事之後，決定提前再訪日本。當時皮爾斯已取代菲爾莫爾接任美國總統，但培理並沒有等到皮爾斯下達變更對日戰略的訓令就決定出發。他下定決心，無論皮爾斯說什麼，都要完成自己執行到一半的任務。

就這樣，比預定的時間還早，培理一行人於一八五四年二月十三日（嘉永七年一月十六日）再訪日本，直接進入江戶灣下錨。這次他所率領的艦隊共有九艘艦艇，其中三艘是蒸汽軍艦，並以波瓦坦號（Powhatan）為旗艦進行指揮。幕府指定與上次相同的久里濱為交涉地點，但培理堅持要在江戶進行交涉。最終雙方妥協，選擇在神奈川的橫濱村會面。當時的橫濱不過是半農半漁的貧窮小村落，以此為契機，後來發展為國際都市。

現在橫濱市的山下公園附近有一間橫濱開港資料館，據說培理與幕府的代表進行交涉的招待所就在資料館中庭的紅楠樹一帶。造訪橫濱開港資料館便可看到紅楠樹高大的樹枝向天空延伸，樹葉繁盛茂密。

於是，日美以橫濱為舞台展開會談。負責與培理交涉的是幕府首席代表林大學頭（林復齋，江戶後期的儒學者）。幕府答應美方要求，供給船隻煤炭、柴薪、水、糧食等物資，並對遇難船隻提供救助。同時，同意開放下田和箱館兩港作為避難港，正式簽訂《日美親善條約》（按：又稱《神奈川條約》）。

培理進一步要求通商，但林大學頭主張「牽涉人命之問題與利益相關之問題，兩者主旨不同」，培里只好撤回這項提議。順帶一提，經常為人混淆、被認為是「不平等條約」而引發各種問題的，並非這次所簽訂的親善條約，而是四年後與駐日公使哈里斯（Townsend Harris）所簽訂的《日美修好通商條約》。

無論如何，在十九世紀前葉，日本終於放棄鎖國政策，繼美國之後，陸續與英國、俄羅斯、荷蘭等國簽訂相同的親善條約。這是發生在大政奉還、德川幕府交出政權前十三年的事。

簽約前接受傳統本膳料理的款待

關於培里黑船事件與《日美親善條約》的意義，許多書籍皆有解說，在此便不多提。我更感興趣的，反而是當時美國人和日本人之間針對「飲食」所帶來的文化衝擊。

自古以來，世界各地皆會設宴款待語言和文化不同的客人。事實上，在日本鎖國期間，朝鮮通信使就曾以祝賀新將軍上任等事由為名，訪日十多次，幕府的文獻資料也記錄下當時款待他們的宴會菜單。盛宴上的佳餚是傳統的本膳料理，包含本膳、二湯五菜的二膳、二湯三菜的三膳、擺滿各式貝類的四膳、以甜點為主的五膳，毋庸置疑是純粹的日本料理，這是因為在外交上，為了維護國家的威嚴，必須以本國料理款待外國來的客人。

本膳料理是江戶時代展現武家威儀的傳統宴會料理，正中央放的是本膳，接下來是二膳、三膳等，提供許多不同的料理。用於款待朝鮮通信使的是三湯九菜，也就是最高級的本膳料理，但進入享保時期之後，在將軍德川吉宗的節約方針之下，料理也經過簡化。另一方面，對那些在長崎出島進行貿易的中國人和荷蘭人，大多是由當地的官員或商人設宴招待，似乎不曾由幕府舉辦正式的盛宴。文獻當中描繪了唐人（中國人）在宴會上享用的桌袱料理[2]，席間可以看到日本遊女（按：娼妓）的身影。

那麼，對於從新興國家美國遠道而來的「不速之客」培理，幕府準備了什麼樣的盛宴呢？其實當時的菜單保存了下來。那時兩國已達成締結親善條約的協議，在簽訂之前的三月八日（陰曆二月十日），幕府於橫濱設宴款待培理一行人。根據不同史料記述稍有不同，以下參考東京大學史料編纂所編纂的《大日本古文書　幕末外國關係文書之五》，介紹菜單如下（省略部分補充內容和說明文）：

一　長形鮑魚薄片　鋪有墊紙的檜木托盤
一　酒杯　內有黑色三星紋的土器三件組
一　帶柄酒壺
一　湯品　鯛魚鰭
一　乾貨　松葉魷魚乾、昆布結
一　中皿　鰤魚幼魚、青山椒
一　碗　刻花貝類、防風、山葵絲
一　湯品　小鯛生魚片、白蘿蔔絲、山椒粉
硯蓋　紅竹輪魚板、蛋卷壽司、鶴羽盛、花形山藥、綠昆布、柑橘、香茸
清湯　蠑螺、切花牛角蛤、蕗薹絲
甘煮丼（豬肉）　斑節蝦、銀杏、松露、白肉魚串、土當歸
雞蛋芡汁料理　海參、鮭魚、新鮮香菇、紅蘿蔔絲、燉炙燒芋莖、山椒汁

缽　烤鯛魚串、雙色鯛魚糕、魴鮄乾、油菜花、醬油柴魚煮山藥、麴漬筆頭草、

醋漬生薑

茶碗　鴨肉、竹筍、茗荷嫩莖

生魚片　比目魚生魚片、鮪魚生魚片、鯛魚小川卷、紫蘇嫩葉、生海苔、山葵花穗

碗　土佐醬油、煎酒[3]、芥子味噌

・二湯五菜　本膳

涼拌海鮮　鮑魚生魚片、血蛤生魚片、白蘿蔔絲、鹽香菇、薑絲拌栗子、帶葉金柑

湯品　魚丸、布袋菇、千鳥牛蒡、雙葉菜、豬草

醬菜　奈良漬瓜、味噌蕪菁、漬白菜包綠葉、花形烤鹽、山椒

燉菜　鮭魚幼魚、豆腐、花椰菜　　白飯

・二膳

醋味噌料理　烤鯛魚、蝦料理、山藥絲、新鮮香菇、鴨兒芹

湯品　背剖馬頭魚、初霜昆布

碗　七子烏賊、燉鴨肉麵麩、牛蒡

伴手禮　大魚板
燒烤料理　鹽烤全鯛
湯品　魚丸、蛋液
中皿　比目魚生魚片、閉鞘薑
酒杯　帶柄酒壺　飯缽　配膳道具　湯　水

甜點

一　蝦子形狀或紅白相間的海老糖
一　壓模砂糖點心
一　卡斯特拉蛋糕

一開始端上魷魚乾和昆布結等象徵吉利的菜餚和酒，展現祝賀之意，還有集合各種山珍海味的酒餚。接著登場的是重頭戲本膳料理，包含鮑魚、血蛤和豆腐燉菜等等，最後則是卡斯特拉蛋糕（按：長崎蛋糕）等三樣甜點。根據待客料理的儀禮，原則上不會使用獸肉，雖有魚、貝類、鴨肉，但幾乎不會出現其他獸肉料理。然而，或許是考慮到招待的對象是美國人，因此才在「甘煮丼」[4]這道菜中使用了山豬肉。

比起幕府在全盛時期款待朝鮮通信使的盛宴，這份菜單的道數較少。而負責準備料理的是江戶的料亭「百川」，據說以餐點一人份三兩、甜點一人份銀五錢七分的預算接受委託，共三百份（另有他說）。根據兒玉定子在《日本的食事樣式》中的推算，一人份三兩的餐費在當時相當於六十位木工的工資。

順帶一提，說到百川，喜歡落語的人應該都會想到已故的第六代三遊亭圓生最擅長的段子《百川》。百川是江戶時代開在日本橋浮世小路（現在的中央區日本橋室町二丁目）的著名料亭，而落語《百川》據說根據實際故事改編，是為了宣傳料亭而創作的段子。我實在很想一嘗當時的料理，只可惜百川已經在明治初年歇業。

回歸正題，受到幕府盛宴款待的培理有什麼樣的反應呢？培理的遠征記當中有下面這段敘述（出自《培理提督日本遠征記（三）》）：

日本代表主辦的宴會雖然沒能帶給賓客顯著的好印象，但賓客都對其款待感到非常高興。主辦方鄭重和誠懇的態度，在禮儀方面沒有任何疏漏。然而不得不誠實地說，這些擺在眼前的奇異菜餚，實在無法滿足眾賓客的食慾。……在波瓦坦號上款待日本代表的晚餐，分量至少是日本人提供的二十倍。簡而言之，日本人的盛宴雖然非常鄭重其事，但整體而言，料理的功力沒有給人太好的印象。琉球人的生活明顯比日本人好很多。

看來本膳料理並不合培理的口味。本膳料理屬於「非日常料理」，蘊含儀式禮節之意，比起味道，更重視視覺上的豪華。而且日本料理的動物性蛋白質較少，以清淡的菜色居多，生魚片對他們來說，或許也只覺得「吃生魚很噁心」，想必昆布、牛蒡、鰹魚高湯、山葵等未知的味道同樣讓他們感到困惑。培理習慣以肉類為主、油脂較多的料理，可想而知本膳料理無法讓他獲得飽足感，也不覺得美味。

對西餐感到吃驚的日本人食慾大開

事實上，正如前文所引述，培理也曾在波瓦坦號上舉辦午宴作為回禮。培理遠征日本的時候，除了樂隊、畫家、攝影師之外，更周到地帶了巴黎的廚師同行。他打從一開始就將美食盛宴當作是展現先進文明的威嚇手段之一，對此非常重視。

在簽訂條約之前的三月二十七日（陰曆二月二十九日），培理於波瓦坦號上設宴，邀請了林大學頭、井戶對馬守、伊澤美作守、鵜殿民部少輔、松崎滿太郎五名全權代表，以及隨從等約七十人。他早已計劃在與日本建立良好關係之後舉辦盛宴，宴會上準備了使用去勢牛、羊、雞等食材所烹調的菜餚。培理帶來的廚師不眠不休，花了一週的時間準備各式料理，不惜重本地使用牛肉、羊肉、禽肉、火腿、經過加工保存的魚、蔬菜、水果等，這些佳餚不僅是為了日本人而準備，同時也提供艦隊的所有士官享用。除了料理之外，還準備了許多香檳、葡萄酒、利口酒等。

《培理提督日本遠征記（三）》當中記錄了午宴的光景，雖然不確定是否應該盡信培理單方面的記述，但我在閱讀的時候不得不拚命忍住大笑。至今為止，日本代表展現的都是嚴謹且禮貌的態度，不見與人親近的樣子。然而在宴會上，只有首席代表林大學頭有所節制，其他代表個個胃口大好，餐桌上的料理像被施了魔法一般消失無蹤。此外他們還喝了許多酒，除了林大學頭之外的代表都喝醉了。

而料理之所以如「被施了魔法一般」消失，是因為根據日本人的禮儀，沒有吃完的東西要用懷紙包起來帶回去。因此代表們不管是醬汁或糖漿，都一股腦地和肉、燉菜、糖漬甜點一起包了起來。

而坐在別桌吃飯的隨從也開始起鬨，日本人帶頭乾杯、高聲歌唱，旁邊的美國樂隊也不甘示弱，大聲地演奏音樂。美國士官邀請他們一起跳舞，據說梳著丁字髻、穿著和服的日本人也和美國人一起跳上跳下。

其中一名代表松崎滿太郎在喝了幾杯葡萄酒之後心情大好，雙手環抱著培理的脖子，不斷重複說著「日本和美國同心」之類的話。據說看到此景的士官後來對培理說：「你也真忍耐得了。」培理則若無其事地回答道：「只要他們願意簽訂條約，連親吻都不成問題。」

日本人開心地吃著本該被禁止的肉類料理，對第一次嘗到的香檳和利口酒感到吃驚。在這場午宴四天後的三月十一日（陰曆三月三日），日本簽署解除鎖國的《日美親善條約》，開啟了新時代。幕府在這一天依然以本膳料理款待培理一行人，不過總算察覺到培理不是很喜歡吃日本料理。

在這場慶祝餐會上據說有一段軼事。林大學頭對培里說：「橫濱乃偏僻之地，只能招待粗茶淡飯，還請見諒。」培理諷刺地回答道：「既然如此，為何不招待我們去江戶，舉辦一場有肉的豪華宴會。」如今看來，與其說是諷刺，不如說培理是發自內心地「想吃肉」吧。

就這樣，日本幾乎在開國的同時，重新審視了招待外國人的饗宴料理。可見培里黑船事件，即便從美食的角度來看，也為日本帶來了重大變革。

譯註

1 原本是一種上等的日本茶，因讀音相同而用以隱喻蒸汽船。

2 融合荷蘭、中國與日本文化的宴會料理，受中國辦桌文化的影響，特色是圍著大圓桌，分食各式放置於圓形瓷盤中的佳餚。

3 日本酒加梅子熬製而成的調味料。

4 常見於關東的燉煮物。將蔬菜和肉類材料用醬油、砂糖、酒、味醂等燉煮而成，口味偏甜。

第二章

接受末代將軍宴請的法國料理饗宴

——薩道義

活躍的「日本通」外交官

一八五四年（嘉永七年），培理的黑船事件打開了日本的鎖國大門，在亞洲殖民擴張的歐美列強，開始逼迫日本開放市場。外部的壓力使得幕藩體制動搖，日本國內發生內部分裂，出現了尊王攘夷和討幕運動。自開國起至明治維新為止的十四年間，前所未見的改革風暴吹向了日本列島。

當時日本受到的「外部壓力」主要來自英國，英國表面上承認幕府為掌權者，但同時不忘留意薩摩藩和長州藩的討幕勢力。第一任英國公使阿禮國（John Rutherford Alcock）和接任的巴夏禮（Harry Smith Parkes）為幕末日本與英國外交付出心力，而追隨兩人、負責翻譯和收集情報的外交官薩道義（Ernest Mason Satow），也有傑出的表現。

薩道義記錄幕末至明治維新期間在日本的所見所聞，寫成了《明治維新親歷記》（*A Diplomat in Japan*），此外還有萩原延壽所寫的《遠崖——薩道義日記抄》（全十四冊），皆是有助於了解這個時期日本的珍貴史料。

憧憬日本的薩道義立志成為「優秀的日本學者」，在一八六二年（文久二年）第一次來到日本。當時年僅十九歲的他，不只精進了原本就具備的日文會話能力，閱讀和書寫也在短時間內達到相當的水準，三年後就開始著手編纂日文辭典。儘管當時的薩道義在公使館不過是一介翻譯官，但他對於日本事物的好奇心旺盛，語言又通，據說相當受到日本人的歡迎。

薩道義來日後的翌年，包含伊藤博文（時名伊藤俊輔）和井上馨（時名井上聞多）在內的五名長州藩士，乘著英國商船秘密前往英國留學。然而，伊藤博文和井上馨在得知爆發薩英戰爭和長州藩的砲擊外國船事件後緊急回國，了解到海外實際情況的兩人試圖說服藩主，希將長州藩能一改攘夷政策，轉為主張開國。

當時伊藤博文和井上馨向阿禮國尋求協助，薩道義因而開始頻繁地與兩人交換情報。最終，說服藩主的計畫失敗，兩人回國雖然終究徒勞無功，但他們之後仍與薩道義保持書信往來。從現存的薩道義寫給伊藤博文的書簡中，可以發現他使用了工整的「候文」[1]。

當時，英國的情報來源之廣，完全勝過其他國家，與僅將眼光放在幕府的法國公使利昂．羅休（Léon Roches）形成強烈的對比，而這自然歸功於擅長日文的薩道義在背後多方面的活躍表現。

年輕的伊藤博文所準備的西餐

《明治維新親歷記》當中，有許多關於與日本人聚餐和宴會的描述，內容值得玩味，當中又以薩道義接受伊藤俊輔（博文）款待時的情景最為有趣。一八六四年

（元治元年）八月，長州藩與英、美、法、荷四國的聯合艦隊爆發下關戰爭，在伊藤博文等人的努力之下，此時剛達成和議不久。

薩道義寫道，比起表裡不一的幕府家臣，他更喜歡長州人，對他們心生敬意。另一方面，留洋歸來的開國主義者伊藤博文則表現得像是薩道義的多年知己一般。在薩道義於九月二十七日（陰曆八月二十七日）從下關登陸的這一天，伊藤博文就盛情邀約，竭盡所能地設宴款待他。

根據薩道義的說法，伊藤博文為了準備歐式的餐點大費周章。先是製作了長兩公尺、寬一公尺左右的餐桌，又鋪上外國製的布作為桌巾，桌上放著刀和黃銅製的湯匙，同時附上一雙筷子。此外還有裝醬油和米飯的大碗，以及盛粗鹽的小碟子。最初登場的是燉煮鰕虎魚的料理，薩道義為了切下魚肉費了很大的勁，最後是用筷子插著魚頭，再用湯匙刮下魚肉，才好不容易可以享用。

第二道菜是烤鰻魚，接下來是燉鱉肉。對於這兩道菜，薩道義的評語是「非常美味」。然而，接下來的燉鮑魚和雞肉卻是「完全不值得一提」。與其說是味道的問題，不如說是餐桌上準備的刀子完全沒有刀刃，不管怎麼切也切不斷。不僅如此，刀身也是一副快要從刀柄掉出來的樣子。最終，薩道義不得已只好放棄吃鮑魚和雞肉。

宴席最後端出柿子作為甜點，是用米釀成的啤酒（指的是味醂）所醃漬的未熟柿子，剝皮後切成四塊而成。薩道義評論這道甜點「相當美味」，又敘述道：「這場盛宴無疑是這個地方第一次端出西式餐點，甚至可能是日本國內最初的西式餐點。」順道一提，薩道義當時曾多次嘗試在日本尋找可供食用的牛，但都沒有成功。

伊藤博文在款待薩道義的盛宴上也沒有端出牛肉料理，只能準備刀身快從刀柄掉出來的刀子，但想到這裡不只距離江戶遙遠，更是攘夷之風盛行的下關，倒也是無可奈何的事。從這場盛宴可以想像留學英國時曾經嘗過西餐的伊藤博文，為了款待薩道義而親自指揮，將下關的料亭提供的蒲燒鰻魚、鱉、鮑魚等日式料理調整成西式風味。

雖然在橫濱的外國人居留地吃得到，但只是少數例外，西餐在當時的日本仍非常罕見。伊藤博文可說是嘗試在日本以西餐設宴的先驅。

在鹿兒島及宇和島舉辦的藩主酒宴

薩道義之後也在各地接受不同日本人的款待。一八六五年（慶應元年），巴夏禮接替阿禮國就任英國公使，薩道義依舊被當作是左右手而受到重用。巴夏禮出席與日本人的會議或交涉場合時，薩道義必定以翻譯的身分同行，與巴夏禮接受同樣的盛宴款待。

參加宴會的時候，薩道義完全不以吃日本料理為苦。因為江戶與橫濱不同，是個找不到牛奶或麵包的地方，他每天都向附近受到好評的日本料理店「萬清」購買餐點，並曾如此敘述：「我在不知不覺間喜歡上了日本料理，就好像是從小就吃慣的食物一般。」

薩道義經常為了收集情報而離開江戶到日本各地旅行，憑藉他敏銳的觀察，記錄下自己受到各地大名什麼樣的盛宴款待。一八六六年（慶應二年）秋天，他受巴夏禮之託，從長崎開始，造訪鹿兒島、宇和島，回程再前往兵庫，四處收集政治情報。此事發生在德川家茂去世、一橋慶喜甫繼承德川家之時，巴夏禮為了掌握近畿以西的政局而派遣薩道義出訪。

薩道義於十二月十二日（陰曆十一月六日）啟程，首先造訪長崎的英國領事館，聽取西博德（Philipp Franz von Siebold）的女兒伊禰和來到長崎的各藩藩士的意見。接著在薩摩受到熱烈歡迎，第一天的盛宴是從酒和兩、三道日本料理開始，包括雪莉酒、香檳、白蘭地，而西式的料理也陸續上桌。第二天是歐風的宴席，薩道義誇讚餐點非常出色。然而，這似乎是禮貌上的回答，他在著書中寫道：「說實話，餐點不是那麼美味，料理的搭配也差強人意。」

從鹿兒島移動到四國宇和島的薩道義，獲邀前往藩主伊達家的府邸，據說宴會上提供的日本料理十分出色，每一道菜的擺盤都相當精美。其中最講究的一道菜是帶有羽毛的野鴨，根據薩道義的說法，「那隻鴨看起來就像在游泳，又或是快要飛走的樣子。在揚起的雙翅之間，鴨背上鋪有烘烤過並切成細絲的肉」。

此外，宴會上還有大隻的伊勢龍蝦和慶典上一定會出現的烤鯛魚。在眾人的勸酒之下，薩道義喝著溫清酒，與藩主和隱退的前任藩主相談甚歡。之後，數位美女也來到宴會中，隨著音樂起舞。不斷端上桌的酒雖然讓氣氛更加熱絡融洽，卻令人完全忘了政治上的交流，連前任藩主和家老也開始跳舞，薩道義甚至罕見地喝醉了。據說薩道義隔天出發的時候還十分依依不捨，似乎對於在宇和島受到的日式款待深深感動。

薩道義在最後的目的地兵庫見到了西鄉吉之助（日後的西鄉隆盛），他寫道：「他大大的雙眼就好像黑鑽一般炯炯有神，說話時臉上的微笑給人一種說不出的親切感。」巴夏禮雖然命薩道義「不得干涉內政」，但他當時對西鄉吉之助說「我們英國人對於幕府有很深的疑慮」，可見薩道義傾向站在討幕勢力這一邊。為此，針對幕府的權威和薩摩藩的立場，薩道義與西鄉吉之助進行了深入討論，會談之間送上了酒和佳餚，讓薩道義嘗遍各式日本料理。翌日，薩道義出航，朝著橫濱前進。

謁見將軍德川慶喜的宴會菜單

回到江戶的薩道義，三週後又再度出發前往大坂。這是因為就任第十五代將軍的德川慶喜決定在大坂城會見外國公使。為了讓國際承認將軍的權威，與設宴款待培理相隔十三年，日本終於舉行了由將軍主辦的正規法國料理盛宴。

在此之前，英、美、法、荷四國的公使針對如何舉行謁見新將軍的儀禮交換意見。根據薩道義所說，「決定完全依照歐洲的作法進行」，一致認同不需要遵照日本儀禮的慣例，例如分開公使和隨行人員、脫鞋等。日本在開國後為了融入國際社會，像這種設宴的禮儀也被要求遵照歐洲的慣例，而非以日本傳統的儀式進行。

外國公使方面會如此要求也有其理由。因為根據幕府最初的提案，公使無法踏進將軍就座的房間，他們必須隔著一間三十六個榻榻米大小的廳堂謁見。當時代表巴夏禮與幕府奉行交涉的，是剛就任二等書記官的密福特（Algernon Bertram Freeman-Mitford）。他指出，要求英國公使以比謁見歐洲王國最高位者（國王）更高規格的禮儀，謁見日本的第二高位者（將軍）是一件錯誤的事，也就是公開表示，日本的最高位者不是將軍，而是天皇。

同時，密福特以個人的意見向幕府表示，如果幕府不同意的話，英國公使想必會拒絕出席。如此一來，距離「恫嚇外交」只有一步之遙。密福特在公使館的位階雖在薩道義之上，但他的日文能力不及薩道義，因此據說這場交涉也是透過薩道義的翻譯進行。當時二十三歲的薩道義與二十九歲的密福特更因此成為終身的摯友。

順道一提，在謁見將軍前的一八六七年一月三十日（慶應二年十二月二十五日），由於孝明天皇逝世，謁見的儀式因此延期。之後，十四歲的少年（明治天皇）便即位了。

在過了喪期的一八六七年四月二十九日（慶應三年三月二十五日），英國公使巴夏禮於大坂城私下謁見將軍，翌日再由荷蘭、法國、美國公使謁見。盛宴的餐點是法國料理，背後無疑有法國公使羅休的建議和協助。英國公使巴夏禮在事前單獨與德川慶喜會面，而法國公使羅休則大力協助幕府，頗有與巴夏禮互別苗頭的意味。

以下介紹幕府於二十九日招待巴夏禮的宴會菜單（萩原延壽將記載於《幕末維新外交史料集成》第一卷禮儀門當中的菜單修改成現代菜名）：

料理

雞肉湯

魚（不詳）

菲力牛肉

烤牛肉

四季豆、檸檬香草奶油

黑松露火腿

雞胸肉

鵪鶉蛋、鷸、野禽

奶油香煎豌豆

雞肉凍肉派

白醬派

紅酒燉鵪

蘑菇派

蘆筍

巴伐利亞蛋糕

櫻桃酒風味果凍

杏仁風味牛軋糖

柳橙

麝香葡萄

李子乾

紙包巧克力

水果

烤蛋白霜佐鮮奶油

餅乾狀冰淇淋，櫻桃酒風味

西洋梨

無花果

糖衣果仁

飲料

雪莉酒

波爾多葡萄酒

法國中部隆河丘產紅酒

香檳

餐後甜酒

菜色豪華的程度，讓人很難想像這是出自十九世紀中葉江戶時代的日本。根據紀錄，負責烹調的是法國主廚，但日本的廚師無疑也幫了忙。距離以本膳料理款待培理不過十多年的時間，就實現了這番光景，著實讓人感慨萬千。而且據說當時德川慶喜還起身，帶頭舉杯祝賀英國女王的健康，這在沒有舉杯習慣的日本，可說是令人震驚的舉動，從中也可看出將軍有多麼在意外國公使。

幕府垮台後法國料理的盛宴繼續流傳

令人意外的是，薩道義對於這場盛宴沒有留下任何記述，或許因為吃的是西餐，所以沒有特別的印象，又或是因為他在謁見將軍的場合擔任翻譯，緊張的情緒讓他無暇顧及料理。當天幕府的盛宴非常全面，禮數也細膩周全，大坂城的壯闊和室內華麗的屏風畫等，讓巴夏禮等人留下良好的印象。更重要的是，巴夏禮和薩道義都被德川慶喜的人格魅力所吸引。

巴夏禮甚至在向英國的報告書當中寫道：「將軍身上同時並存凜然及親和的態度，且現年才三十一歲，可以期待年輕的他在處理舊有偏見和繁文縟節時的靈活性，以及適應環境變化的能力。這些幾乎無法期望在守舊的日本政治家身上看到。」露骨地表現出讚賞之意。

另一方面，德川慶喜的出現引發討幕派人士強烈的危機感。薩道義在謁見將軍後陸續拜訪各地的藩主，與西鄉吉之助、後藤象二郎、井上聞多、木戶準一郎（日後的木戶孝允）、伊藤俊輔等人會面，努力收集情報，但就算是薩道義也無法掌握討幕派的動向。

同年十一月九日（陰曆十月十四日），發生了對於巴夏禮和薩道義而言難以置信的事，那就是大政奉還。德川慶喜親自辭去將軍一職，將政權還給朝廷。突如其來的發展讓巴夏禮等人大吃一驚，但據說他們認為大政奉還後的實權依舊會掌握在德川慶喜，而非天皇手裡，此舉反而強化了幕府的權力。

然而，歷史的發展不如德川慶喜的算計。大政奉還開啟了幕末激烈的抗爭，薩長兩藩分別在大政奉還的前一天和當天收到討幕的密旨，進而發動名為「王政復古」的政變。之後，法國公使羅休被召回並遭到撤換，幕府再也無法期待法國給予軍事上的援助。一八六八年（慶應四年），江戶幕府終於垮台，以天皇為中心的維新政權就此誕生。

儘管幕府倒台，德川慶喜在此之前款待外國公使的法國料理盛宴仍成為前例，維新後，不只外國使節的接待所，甚至宮內省大膳職[2]都繼承了這套作法——由此也可以感受到歷史是多麼地諷刺。

譯註

1 日本中世紀至近代期間所使用的文言文體。

2 宮內負責提供臣下膳食的單位。

第三章

天皇首度擔任東道主的那一天

——明治天皇（一）

從謁見外國公使所展開的皇室外交

幕府垮台後，天皇睦仁（明治天皇）成為名副其實的日本君主。在改元為「明治」的一八六八年，天皇不過是個十五歲的少年，然而新政府為了度過這個多難的時期，無論如何必須打出天皇的旗號。為此，這位十五歲的少年不得不在眾望之下，成為權威與權力的具體象徵。

當時身處京都的天皇，首次登上的外交舞台就是謁見外國公使。英國公使巴夏禮於一八六八年三月二十三日（陰曆二月三十日）謁見天皇，他帶著翻譯官薩道義和二等書記官密福特等數名官員前往京都御所。

然而，一行人在來到御所附近的時候，突然遭到高喊攘夷的浪人[1]襲擊，有人因此負傷。所幸巴夏禮、薩道義、密福特三人皆平安無事，但不得已取消了當天的謁見。這樣的飛來橫禍不僅帶給新政府、同時也帶給天皇很大的衝擊，天皇還派遣使者慰問巴夏禮，表達遺憾之意。

至今為止，天皇都坐在御簾的另一邊，地位特殊，就連將軍也無法直接拜謁，僅有少數公卿才能恭聽天皇敕命，因此當時有許多憤慨過激的攘夷派無法容忍神聖的天皇與外國人會面交談。

謁見改於襲擊事件發生三日後舉行，當時與天皇會面的是巴夏禮和密福特兩人，由於薩道義沒有拜謁英國女王的經驗，因此根據外交禮儀，無法謁見天皇這位他國君主。密福特如此描述當日天皇的樣子（出自《英國外交官眼中的幕末維新》〔*Memories*〕，日文版由長岡祥三翻譯）：

「眉毛經過剃除，再畫上兩道高至額頭的眉毛。臉頰塗上胭紅，嘴唇塗上紅色和金色，牙齒染成黑色。……年紀尚輕，想到他剛離開由女官們照顧的大奧，就任天皇，果然看起來還有些靦腆。」

天皇將牙齒染黑，並且化了妝。謁見當日，政府要人皆非常擔心天皇是否能順利完成使命——這也是無可厚非的。對於新政府而言，與外國的交際是推動日本近代化的重大課題，對於「皇室外交」自然懷有極大的期待。

事實上，朝廷至今為止雖習於舉辦新嘗祭和神嘗祭等祭神大典，但幾乎沒有設宴款待客人的機會。根據兒玉定子所著的《宮廷柳營豪商町人食事誌》，從德川幕府成立至大政奉還為止的兩百六十四年間，宮廷邀請客人舉辦盛宴的次數僅兩次。而所謂的客人，則是於一八六二年（文久二年）與孝明天皇的皇妹和宮成婚的第十四代將軍德川家茂。德川家茂在婚禮翌年和後年上京時，朝廷曾在宮中舉辦兩次宴會，宴會上的餐點當然是日本料理。

培理的黑船事件讓日本開國，但宮廷在開國後依舊與西餐無緣，被稱作「大膳職」的廚師持續維護純粹日本料理的傳統。當然，明治天皇在此之前只吃過日本料理，據說日後他也還是鍾情於日本料理，喜歡吃香魚、鯉魚、狼牙鱔等魚類，以及芋艿和京都的蔬菜。

急速推進的宮廷改革

維新後，明治政府急著在各方面導入西洋文化，背後是為了解決江戶幕府與各國締結的條約問題。若要與各國交涉、修改條約，日本必須展現出自己與歐美各國同屬文明國家的一面，推動西化遂成為新政府的方針。

此外，前述的兒玉定子也指出，伊藤博文、西鄉隆盛等明治政府的統治階層大多是下級武士出身，在江戶時代封閉的社會之下，很難想像下層的人們精通上層階級的傳統飲食形式。事實上，除了高貴公家[2]出身的三條實美之外，下級武士出身的政府閣員幾乎沒有機會接觸皇族和將軍吃的日本料理。

具有留洋經驗的伊藤博文等人則熟悉主客同坐一桌、沒有任何隔閡的西式宴會，因而希望多加採用這樣的形式。而前此日本根本不可能出現身分高貴者與身分低下者同桌吃飯的畫面，就連外國公使於一八六八年獲准謁見天皇的時候，也僅在等待的空檔端出茶和點心，並未舉辦供餐的正式宴會，因為當時完全無法想像天皇與外國人一起吃飯。

話說回來，據說宮廷內的女官光是聽到天皇要與外國公使會面，就群起反對、大哭大鬧。為了對抗這樣的守舊勢力，新政府一鼓作氣地推動改革，他們擔心在女官圍繞之下生活、將牙齒染黑且化妝的天皇，會遭到外國投以異樣的眼光。

一八六八年（明治元年），明治天皇與大他三歲的一條美子成婚，翌年，在局勢尚未穩定之下，東京成為了首都，期間也持續進行大膽的宮廷改革。政府先是奪走女官對後宮的掌控權，將權力集中在皇后一人身上，後又規定天皇的侍從僅限男性，將士族出身的鐵漢子送進宮中，接受學問與武術的訓練，據說這是西鄉隆盛的主張。而天皇也受到他們的影響開始喜歡騎馬，改去染黑齒和化妝的風習。

對於進入國際社會時日尚淺的日本皇室，外國的王室也開始準備展開禮貌性拜訪。打頭陣的是英國維多利亞女王的二王子愛丁堡公爵阿爾弗雷德親王（Alfred, Duke of Saxe-Coburg and Gotha）。一八六九年（明治二年）夏天，日本接到愛丁堡公爵即將來訪的通知，引起軒然大波——這是第一次有外國的王子拜會天皇。

明治政府希望趁此機會剷除依舊根深蒂固的攘夷思想，貫徹西化路線。然而國內既沒有適合國賓住宿的設施，對於維安、接待的禮儀和順序等也毫無頭緒，無論是天皇致詞的內容、演奏的音樂，或是宴會的座位安排、紀念品等，都是史無前例的課題。政府在經過審慎思考之後，決定安排天皇在東京會見外賓。

最初以茶和點心接待外賓

《明治天皇紀》當中的一節〈接待英國王子的苦心〉，記錄了這場騷動。根據記載，一開始官方準備安排天皇在吹上御苑的茶亭接見王子，但英國公使巴夏禮要求設席於宮中，場地遂改為皇居的大廳。此外，巴夏禮對於其他細節也提出許多要求，認為日本虧待王子的不滿之情不言而喻。

話雖如此，當時尊王攘夷派仍存在一定的勢力，他們反對讓外國人進入皇居，之後每當政府發表接待外國皇族命令的時候，反對派都會加以抨擊，認為政府「過於厚待」外賓。直到岩倉具視等人以此乃天皇之意為名說服反對派，事情才終於告一段落。

接待愛丁堡公爵的事宜就在這樣混亂的情勢中展開。明治政府考慮到天皇尚且不熟悉外交禮儀，因此避免舉辦正式的晚宴或午宴招待王子，選擇將謁見儀式安排在午餐和晚餐之間的下午茶時間，可說是不得已的策略。

九月四日（陰曆七月二十八日），愛丁堡公爵、巴夏禮、密福特，以及多名隨行人員被帶到宮中的大廳，天皇起身迎接一行人的到來。由於薩道義在同年二月獲得休假的許可，暫時返回英國，因此不在現場。

在彼此進行禮貌性的問候之後，愛丁堡公爵被引領到御苑當中的紅葉茶屋，在那裡品嘗茶和山珍海味。隨後又受邀前往瀧見茶屋，與在茶屋等待的天皇交談。雖然很難想像兩人相談甚歡，但天皇總歸是在這天首度與外國的王族對話。當時提供的餐點只有茶和點心，根據密福特的敘述，「這場特殊的宮中儀式，確實與一般不同」。

除此之外，愛丁堡公爵在出發前往東京之前，曾在赤坂和歌山藩邸（後為赤坂離宮，即現在的迎賓館）接受款待，欣賞能劇、狂言演出，並品嘗日本料理。然而，天皇並沒有出席這場宴會，而是由他人代理作陪。當時的菜單是酒餚和二湯五菜的本膳料理，據說是由江戶時代的知名料理店「八百善」負責製作。另外，當天還在愛丁堡公爵住宿的延遼館表演相撲，入夜後又舉辦煙火和奏樂的宴會。此後，能劇、狂言和相撲便成了日本接待外賓時必備的餘興節目。

延遼館是舊甲府德川家的別邸（後改稱濱離宮），明治政府從幕府手中接收後交給宮內省管轄，將內部改造為西式風格，以供外國人住宿。在尚未興建帝國飯店和鹿鳴館的時代，延遼館便作為接待外賓的迎賓館使用。

當日提供的是日本料理，可見當時尚未規定要以法國料理宴請外賓，整個體制也不夠完善。宮廷的大膳職一直以來烹調的都是最高級的日本料理，對於法國料理實屬外行，這麼一來，只能僱用曾在西餐廳學習的廚師，或延請西餐廳準備餐點。

此時，日本人興建的第一間正式飯店「築地飯店館」已經於一八六八年開幕，且提供的餐點都是法國料理。但這個時候還沒有上野精養軒或帝國飯店，明治初年的法國料理大概仍與大部分的日本人無緣，就連天皇也不例外。

西餐禮儀的特訓

根據《明治天皇紀》的內容，一八七二年一月一日（陰曆明治四年十一月二十一日）這天首度出現天皇品嘗西餐的記述——天皇在視察橫須賀造船廠時，搭乘的軍艦上端出了西式的午餐。

而在一八七二年一月二十六日（陰曆明治四年十二月十七日）這天，則發生了日本飲食史上劃時代的事件——天皇首度吃下獸肉，肉食的禁令正式解除。此後，天皇平時會品嘗牛、羊等肉類料理，據說也會吃少量的豬肉、鹿肉和山豬肉等。

當時雖然已經出現提供牛鍋或壽喜燒的店，開始有人吃肉，但實際上肉食禁令是在這個時候才正式解除。仮名垣魯文的《西洋料理通》和敬學堂主人的《西洋料理指南》也在同年出版，前者解說湯品、魚類、肉類、蔬菜料理，以及甜點的製作方式；後者則鼓勵大家學習使用營養價值高的牛、羊、雞、豬肉烹煮西餐，以增進日本人的健康。

據說天皇當時率先吃肉的舉動，也在於落實政治上鼓勵肉食的方針，這一切都是為了讓外國承認日本是近代國家所做的努力。之後，天皇也曾多次在延遼館品嘗西餐。

在「文明開化」的口號下，天皇於一八七二年（明治五年）首度穿上洋服，翌年剪掉髮髻，而那套洋服，據說是橫濱的外國裁縫師秘密丈量天皇的尺寸所製成。在此之前，即便是接見外國公使的場合，天皇也身著朝廷公務所用的正裝「束帶」[3]。一八七二年，洋服正式作為皇族的正裝，分成大禮服和一般禮服，而原本的「直垂」、「狩衣」、「裃」等傳統禮服遂遭到廢除。

接著，在《明治天皇紀》翌年的紀錄中，出現了天皇練習刀叉正式使用方式的記述。首先，擔任天皇內豎[4]的華族西五辻文仲，向築地精養軒的店主北村重威學習了西餐的餐桌禮儀，天皇便模仿西五辻文仲的動作實際品嘗西餐，學習這些禮儀，而皇后和女官也跟著一起練習。二十歲的天皇不僅要學習作為君主的「帝王學」、記住宮中繁雜儀式的規矩，還得在正式的宴會場合上根據正確的禮儀用餐，表現出自然又不損威嚴的風範，並且習得無傷大雅的說話方式。

隨後，很快就到了驗收「特訓」成果的日子。一八七三年（明治六年）八月二十三日，義大利國王的侄子湯瑪士．阿爾伯特．維克多（Tommaso Alberto Vittorio di Savoia-Genova）訪問日本，九月八日，天皇首次以西餐招待，親身擔任宴會的東道主。兒玉定子在《宮廷柳營豪商町人食事誌》當中寫道：「從那一天起，一律以西餐（法國料理）接待外賓，並遵循西歐的禮儀，延續至今。」

也就是說，從這個時候開始，日本的正式餐點已不是日本料理，而是法國料理。經過一百三十餘年，至今宮中晚宴的正式餐點依舊是法國料理。

首次主持的午宴

在此四個月前，訪問歐美各國的岩倉使節團造訪了義大利羅馬。同年五月十三日，特命全權大使岩倉具視跟著伊藤博文等人拜謁義大利國王維克多．伊曼紐二世（Vittorio Emanuele II），遞交明治天皇的親筆書信。國王也回覆希望日本與義大利兩國能盡力實現健全的外交，因此身為義大利王室成員的皇侄才首度訪問日本。

根據《明治天皇紀》的記載，天皇於九月八日與進宮晉見的義大利皇侄共乘馬車，遊覽皇居周邊，在觀摩近衛師團和東京鎮台等部隊的閱兵式之後，來到吹上御苑的紅葉茶屋，在此喝了「冰水」後，一同在苑內散步。在沒有冰箱或冷凍庫的當時，冰塊想必是非常珍貴的。

接著，天皇又招待義大利皇侄來到瀧見茶屋，據說在此「共進午餐」。然而，當時似乎只有天皇和皇侄品嘗了法國料理。因為《明治天皇紀》中另外記載了給天皇的隨從、皇侄的隨行人員和各國公使的「賜酒饌」，推測僅是準備了酒，並提供類似開胃菜的幾道菜餚。午餐結束之後再度回到紅葉茶屋，天皇則招待皇侄享用了咖啡和利口酒。

就這樣，天皇第一次招待外賓的午宴並不是在可以容納許多賓客的大廳舉行，而是在庭園裡供小憩的茶屋舉辦。想必是為了避免天皇過於緊張，才採取了這樣的形式。

這個值得紀念的一八七三年九月八日的午宴，菜單雖然沒有留存下來，但可以想像應當是一些正統的法國料理。年輕的天皇當時應該非常緊張，顧不得料理的味道，只是努力地以正確的順序使用刀叉，遵守應有的禮儀，不讓自己出醜吧。

順道一提，二十五年後的一八九八年（明治三十一年）十月六日，義大利皇族都靈伯爵維克多・艾曼紐（Vittorio Emanuele di Savoia, conte di Torino）訪日。天皇於翌日在宮中最大的豐明殿舉辦接風午宴。而當天的法國料理菜單上可以看到「紅茄子通心粉」幾個字，「紅茄子」指的就是番茄，想必是為了向以義大利麵聞名的國家表示敬意，才特別加入這道菜。可見這個時候的宴會已經能夠隨機應變，也有餘裕可以做出變化。

此外，剛開始的宴會僅由天皇一人擔任主人。與西式的禮儀不同，日本原則上不能讓女性出現在公共場合，皇后直到一八七三年十二月二十八日的宮廷典禮，才首度與天皇共同出席宴會，而當天的料理也從以往的日本料理改為法國料理。

之後，皇后似乎習慣了西餐，在宮中品嘗法國料理的機會也增多。此外，皇族的女性參加晚宴等場合穿著的中禮服規定要是低胸裝（robe décolletée），而皇后也學習了穿著洋裝該有的舉止。自此之後，歡迎外賓的宮中晚宴都由天皇和皇后分別以主人和女主人的身分出席。附帶一提，現在日文中常使用的低胸裝一詞（ローブ・デコルテ），便是源自法文的外來語。

明治政府所採用的西式宴會形式，很快地在上層階級和金融界之間掀起流行。十年後，鹿鳴館完工，更加速了政府的歐化政策。

譯註

1 脫離藩籍到處流浪的下級武士。
2 為朝廷工作的貴族或上級官員。
3 平安時代以後天皇和公家的正裝。
4 宮內小臣，負責宮中儀式、日常雜務。

第四章

包羅舞蹈與美食的鹿鳴館外交
——井上馨

「為國」跳舞的人們

在挑起明治維新重任的開國元勳當中，井上馨的評價並不高，他的人氣之低，從始終未當上總理大臣這點也可看出端倪。另外，他也因為推動鹿鳴館外交，而被貼上「極端歐化主義者」的標籤。

正如法國畫家畢戈（Georges Ferdinand Bigot）所繪的諷刺畫，晚上穿著燕尾服和洋裝聚集在鹿鳴館的日本人，就好像在模仿西洋人的猴戲一般滑稽，如同喜劇中的一幕或是一場惡作劇。針對鹿鳴館外交，飛鳥井雅道在《鹿鳴館》當中寫道：「現在的歷史學家也只是輕輕帶過。」

或許是這個緣故，如今甚至連「過去的鹿鳴館在哪裡」都遭到遺忘了——答案是位在「面向日比谷通（按：指馬路）、鄰近帝國飯店南面的大和生命大樓（現為NBF日比谷大樓）」，現在已經看不出過去的影子，只有左側牆壁上掛著刻有「鹿鳴館跡」和簡短說明文的牌子。這幢大樓的一樓是星巴克，上班族就在戶外的座位上喝著咖啡。明治初期光鮮亮麗的社交場所，如今變成了時尚的咖啡廳，令人印象深刻。

一百二十年前，這裡是極盡奢華的兩層樓雄偉建築，多的時候有高達一千三百人齊聚一堂。女性踩著穿不慣的高跟鞋、用馬甲束緊身體，與外國的外交官或士官踩著華爾滋和波卡的舞步，一如畢戈的諷刺畫，看起來或許真的很像猴戲吧。

然而，外務卿（之後的外務大臣）井上馨卻非常認真。那時，政府的當務之急是修正過去幕府與外國簽訂的不平等條約，為了讓交涉朝有利於日本的方向進行，外務省花費原本就少之又少的預算，匯集公費，才興建了鹿鳴館這座迎賓館。在舞會上跳舞，也都是為了交涉條約。

政府高官的妻女個個懷抱著「報效國家」的悲痛決心與外國人跳舞，在當時，對於接受過「男女七歲之後不得同席」教育的女性而言，被男性抱著跳舞想必是一件極為不道德的事。鹿鳴館當中的異國文化體驗，成了一扇「窗戶」，讓不曾踏出島國一步的女性窺探世界的樣貌。此外，說到鹿鳴館，一般都會先想到舞會，但其實館內也提供了許多豪華的料理。

留學英國後轉為主張開化

在甫建立不久的明治政府，井上馨是僅次於木戶孝允、伊藤博文之後的長州派閥第三把交椅。幕末時期曾與伊藤博文一同體驗海外生活的井上馨，後來強行推動了歐化政策。

一八六三年（文久三年），長州藩有五位藩士瞞著幕府偷偷前往英國。當時，井上馨和伊藤博文兩人搭的是同一艘船，但都不會說英文，當井上馨被問到前往英國的日的時，原本想要說「海軍研究」，卻回答成「航海」，被誤以為想要學習的是「航海技術」，因而受到與水手相同的待遇。明明支付了船資，是船上的客人，卻落得這等待遇，儘管他們心有不滿，但礙於語言不通，不得已只好做起水手的工作。

等船好不容易抵達倫敦，卻沒有人來迎接他們，也沒有食物可以吃。忍不住飢餓的井上馨首先上岸覓食，在一家廉價的餐廳吃了鹽漬豬肉、乾麵包和半熟的雞蛋，飢腸轆轆的他對這樣粗食感到滿足，又帶了一份給在船上等待的伊藤博文，伊藤也開心地吃下。當時的井上馨二十七歲，伊藤博文二十二歲，他們在看過歐洲實際的樣貌之後，深切感受到日本的落後，遂捨棄攘夷的念頭，轉而主張開化。

明治維新後的一八七一年（明治四年），伊藤博文加入岩倉使節團，隨團訪問歐美諸國，井上馨則留在國內。翌年，大火將銀座燒成灰燼，井上馨便趁機改造東京，強行改設道路，並規定所有的房屋都必須以磚瓦建造。結果如井上馨所預期的，報社和商店等都聚集到了銀座，就是從這個時候開始，銀座取代了過去的日本橋，成為東京新的商業中心。

岩倉使節團回國後，井上馨從一八七六年起出國旅行兩年，他的妻子武子和女兒末子亦隨行，不過此行不是為了遊山玩水，而是為了讓他美麗的妻子和女兒學習西歐文化，成為能夠立足於外國社交場合的女性。根據近藤富枝所著的《鹿鳴館貴婦人考》，井上武子和井上末子是除了外交官夫人和演藝工作者之外，很早就出國旅行的日本女性。

事實上，在鹿鳴館外交盛行的時期，井上武子就作為外務大臣夫人，稱職地扮演了賢內助的角色。井上馨的女兒井上末子則會說英、德、法三國語言，後來成為外交官夫人，在外交上比丈夫立下更多功績。井上馨的妻女在當時的日本可說是一等一的國際化，也是井上馨的驕傲。

話說回來，井上馨與夫人武子的婚姻有一段有趣的故事。根據草森紳一撰寫的《食客風雲錄　日本篇》，在明治初期，大隈重信的府邸被稱作「築地梁山泊」，據說許多食客和遠方的來客都聚集在這裡談論國家大事。與大隈重信幾乎平起平坐的官僚井上馨曾經是築地梁山泊的食客，伊藤博文也經常前來。此外，薩摩的奇人中井弘三（中井弘）同樣是食客之一，而武子當時則是他的妻子，不過據說他在薩摩還另有正妻。

不久後不得不返鄉的中井弘三，考慮到可能無法生還，便寫了休書給愛妻武子，將她託付給大隈夫婦。然而，武子與井上馨後來卻墜入了情網，大隈重信雖然感到為難，但不得已之下只好讓兩人成婚。這時候，中井弘三竟突然歸來，梁山泊的眾人都緊張地關心事態會如何發展，不過得知原委的中井弘三卻出乎意料地爽快認同了井上馨與武子的婚姻關係，唯一的條件是傳聞好女色的井上馨必須寫下保證書，保證一生珍愛武子。

順道補充一點，中井弘三是位漢詩人，號櫻洲，正是他將井上馨興建的迎賓館命名為「鹿鳴館」。「鹿鳴」出自《詩經》，乃將宴請賓客的詩歌和音樂比喻為「呦呦鹿鳴」。

皮耶．羅逖眼中的鹿鳴館晚會

在大久保利通遭到暗殺之後，日本的外交就由井上馨和伊藤博文兩人負責。井上馨在就任外務卿之後，最先著手的工作是興建外國使節的住宿設施，取代老舊的延遼館。井上馨請到喬賽亞・康德（Josiah Conder）擔任設計師，康德在二十五歲時受日本政府招聘前來，擔任工部大學校造家學科（現在的東京大學工學部建築學科）的首任教授，設計作品有上野博物館、舊東京復活主教座堂、岩崎男爵本邸等許多建築，弟子則包括以設計東京車站聞名的辰野金吾，以及許多具代表性的建築師。

當時，井上馨曾要求康德修改最初的設計草案。因為康德認為比起純西式，具有東洋風情的建築更受西方人的喜愛，但井上馨想要的卻是讓西方人也感到吃驚的華麗西洋建築。納入井上馨的要求所完成的鹿鳴館，最後變成折衷各種樣式的半調子建築，據說並非出自康德的本意。

鹿鳴館建在過去薩摩藩裝束屋敷[1]的舊址，正門沿用海鼠壁[2]的黑門，兩層樓的建築物共四百四十一坪，不算非常大。一樓設有食堂、廚房、配膳室、撞球室、會客室，二樓則有舞廳、集會室、貴賓室，以及可供住宿的房間，具備飯店的功能。鹿鳴館於一八八〇年動工，三年後舉辦開館儀式，由井上馨主持，共有一千兩百餘人齊聚慶祝落成。

鹿鳴館完工之後，以跳舞是西洋社交界不可或缺的一部分為由，很快地就籌辦了舞會——然而，日本幾乎沒有人會跳舞。為此，翌年起，每週日這裡都會舉行跳舞的練習會，沒有人把跳舞當作娛樂，個個認真以對。而負責指導跳舞的人則是隸屬農商務省的德國教師約翰內斯．路德維希．詹森（Johannes Ludwig Janson）。

當時受邀來到鹿鳴館的外國人，針對在這裡看到的日本女性，記錄下了最真實的感想。法國的小說家皮耶．羅逖（Pierre Loti）在《秋天的日本》（*Japoneries d'automne*，日文版由村上菊一郎、吉冰清翻譯）的其中一篇〈江戶的舞會〉中，描繪了一八八五年十一月三日天長節[3]晚會的情景。羅逖在文中寫的雖是「一八八六年」，但他實際上參加的應是一八八五年的晚會：

> 穿著巴黎風洋裝的日本女孩，她們的舞步非常正確。然而，這一切都是「被調教」出來的，完全沒有個性或自發性，感覺像是一群人偶在跳舞。
>
> 如果奏樂不小心中斷了，她們便必須停下腳步，重頭開始再跳一次。

此外，羅逖聽說某位政府高官的妻子過去是「藝妓」，現在則是外交界最受矚目的當紅炸子雞，他以為這位女性會穿著奇裝異服出現，結果卻出乎他的意料，讓他不禁稱讚對方「穿著在巴黎也適合的服裝」。而他提及的女性似乎就是井上馨的妻子武子。

說句題外話，芥川龍之介的《舞會》，正是以羅逖這篇〈江戶的舞會〉為基礎寫成的小說，至於三島由紀夫的《鹿鳴館》，則描寫了一些「並未實際發生」的事件。另外，山田風太郎也曾以羅逖的作品為靈感，寫下《江戶的舞會》。

晚宴提供正式的法國料理

在鹿鳴館，滿足跳舞人們味蕾的美食也絕不馬虎。關於鹿鳴館提供的料理和酒，羅逖在〈江戶的舞會〉當中記述如下：

備有銀製餐具和餐巾的餐桌上，擺著佐上松露的肉類、炸肉餅、鮭魚、三明治、冰淇淋等，一切無疑如巴黎的舞會般豐盛。美國和日本的水果在優雅的籃子裡堆疊成金字塔，而且香檳也是擁有認證的最高等級。

既然來自美食王國的羅逖注意到「香檳是擁有認證的最高等級」，又說料理「如巴黎的舞會般」，想必就是這樣沒錯。鹿鳴館裡有廚師，不僅準備輕食，也製作晚宴的餐點，這或許讓人感到意外，然而如前所述，鹿鳴館設有食堂，廚房的設備完善，為來賓準備的可說是當時日本最高水準的料理。

富田仁在《鹿鳴館——擬西化的世界》一書中，介紹了鍋島直大夫妻於一八八五年六月三日出席宴會時享用的佳餚，是正式的法國料理，菜單同時以日文和法文標示，以下是餐點的內容：

一　羹汁　四季濃湯
　　重燒　雞肉等鑲肉

一　魚肉　香波爾紅酒醬蒸烤鯛魚
一　禽肉　家禽肉凍
一　禽肉　維多利亞風格肋肉
一　獸肉　波蘭風味牛菲力
一　酒品　鳳梨雞尾酒
一　獸肉　匈牙利風味羊腿肉
一　禽肉　烤鵪鶉佐沙拉
一　蔬菜　普羅旺斯風味朝鮮薊
一　甜點　聖誕布丁
一　甜點　甜點拼盤

井上馨想要展現日本在料理方面的水準不輸給歐美諸國，這點是無庸置疑的。這天晚宴的菜單包括湯品、魚類料理、開胃菜（數種肉類料理）、清味蕾的雞尾酒、肉類的蒸烤料理、甜點等套餐，其中肉類料理占壓倒性多數。如今宮中的正式晚宴，一般都會省略開胃菜和肉類的蒸烤料理。

明治初期，在屬於外國人居留地的橫濱，有許多日本人在洋館的廚房工作。他們的目的是向外國人學習製作西餐和甜點的技術，而當時鹿鳴館的主廚藤田源吉想必也曾是如此積極進取的年輕人之一。那時東京僅有上野的精養軒等少數餐廳能夠提供正統的法國料理，不過繼鹿鳴館之後，旁邊又興建了帝國飯店，西餐廳也逐漸增加。

僅四年便落幕的鹿鳴館時代

就像這樣，鹿鳴館於明治初期不斷地上演舞蹈、音樂與美食的饗宴。從生活習慣到教育、宗教、城市景觀等，井上馨試圖急速地將日本的各方面歐化。結果如何呢？很可惜，原本的最大目的——也就是與各國交涉修改條約——最終卻悽慘地以失敗告終。

當時，對於無法定罪在日本犯罪的外國人一事，日本國民的不滿日益高漲。急著修改條約的井上馨對姿態最強硬的英國提出了兩個方案，分別是「內地雜居」和將外國人的審判交給「外國法官制度」處理。關於前者，各大報皆報導如果允許內地雜居，那麼外國人就會毫無限制地進入日本國內，反而煽動了民眾不安的情緒；至於後者，法國的法律顧問博瓦索納德（Gustave Boissonade）認為此舉等同放棄主權，因此表示反對。然而井上馨卻企圖強行通過自己提出的方案。

內閣當中，農商務大臣谷干城等人也發現了外國法官制度的問題點，於是辭職並帶頭發起反對修正案的運動，受到廣大民眾的喝采。相反地，井上馨則被批評是「賣國賊」，對其推動近代化的不滿情緒，轉變為針對象徵歐化政策的鹿鳴館的反感。

一八八七年（明治二十年）七月，條約修正會議最終無限期延期，井上馨的修正案實質上成了廢案。他辭去外相一職，鹿鳴館時代也就此落幕，從鹿鳴館完工算起，不過短短四年的時間。

除此之外，在此事發生的兩年前就任日本首位總理大臣的伊藤博文，於一八八八七年四月邀請各方有頭有臉的人士，舉行盛大的化妝舞會，卻遭到報章雜誌強烈譴責，認為這是「亡國的徵兆」。新聞大肆報導舞會從晚上九點至翌日四點狂歡作樂，遭到猛烈批判。而其中有媒體誤將這場舞會的地點寫成「鹿鳴館」，但實際上是在首相官邸舉行。翌年，伊藤博文被迫辭職，是日本最初的內閣倒台。

在井上馨辭去外相後，形同被政府拋棄的鹿鳴館，後來的命運如何呢？雖然舞會停辦了一段時間，但在繼任外相的大隈重信和綾子夫妻的主持之下，於一八八八年再次舉辦了慶祝天長節的晚會。然而，大隈綾子與井上馨的妻子武子不同，不喜歡跳舞也不喜歡穿洋裝，因此穿著和服出席。或許是效仿她的穿著，許多女性都穿著和服，也只有少數日本人在鹿鳴館跳舞，其他幾乎都是外國人。

之後，鹿鳴館被認為是無用的設施，自一八九〇年起，決定出借給華族會館[4]使用。到了一八九八年，「鹿鳴館」的名稱已完全消失，變成華族會館。一九四一年，便由於建築過於老舊而遭到拆除。

然而，聚集在鹿鳴館的人並不是一天到晚沉迷於跳舞，這裡也是皇族和貴婦人舉辦慈善晚會的重要場所，開啟日後慈善事業的先河。此外，井上馨組織的東京俱樂部是英國式的社交俱樂部，而鹿鳴館同時是俱樂部的會所。在鹿鳴館遭到拆除之後，東京俱樂部轉移到新橋、霞關繼續發展，現在則位在六本木。東京俱樂部的名譽總裁由皇族擔任，會員皆為政商界重要人士，且俱樂部內只限使用英文。

如此這般，鹿鳴館外交讓井上馨嘗到了挫敗的滋味，但他在日本創建「社交界」的功績仍值得給予肯定。井上馨根據他在幕末前往英國的經驗，知道攜伴出席在社交界是一件必要的事，因此第二次出國的時候帶著妻子和女兒同行，鹿鳴館的宴會也都是夫妻聯名舉辦，據說甚至要求天皇和皇后也要男女同權。不可否認，這段被視為可恥而遭埋葬的鹿鳴館時代，是日本女性地位開始改變的契機。

與財閥和富豪過從甚密、中飽私囊、欠缺政治倫理等，人們對於井上馨有諸多批評，然而，如果重新回顧他興建鹿鳴館的初衷，似乎無法僅用「擬西化」一詞草草帶過。

譯註

1 薩摩藩島津家位於江戶的宅邸（中屋敷），過去琉球使節前往江戶時會在此處更衣整裝，故稱裝束屋敷。

2 在牆上鋪上平瓦，接縫處塗上灰泥黏接，因外觀像海鼠（海參）而得名。

3 慶祝天皇生日的節日，明治天皇在位時訂於十一月三日。

4 貴族的聯誼團體。

第五章

怪物般的紅頂商人和帝國飯店的料理
——大倉喜八郎

被稱為「死亡商人」的風雲人物

在描述大倉喜八郎這個人的時候，很難不感到困惑。在岩崎彌太郎、安田善次郎、藤田傳三郎、淺野總一郎等被稱作「明治政商[1]」的人物當中，最引人注目的，就是大倉喜八郎。他出生於天保年間，以九十歲的高齡死於昭和年代，儘管名聲響遍全國，但人們對他的評價卻是毀譽參半。

大倉喜八郎二十歲時以乾貨生意起家，之後陸續經營許多事業，在維新前後的動亂時期累積了巨大的財富，甚至被稱作「今太閣」[2]。他創設了日本第一座私立美術館，同時也是大倉商業學校（現在的東京經濟大學）的創校者。然而另一方面，他也被批評為「死亡商人」、「戰爭男爵」。

大倉喜八郎生前經營的大小事業高達三百項，要掌握全貌是一件非常困難的事。虛榮且自我表現欲強的他曾在向島[3]興建別墅，接待政府要人，努力建立人脈。在古稀和米壽之年，他也都舉辦盛大的宴會，邀請政商名流前來大肆慶祝。直到九十歲去世前一年為止，大倉喜八郎都不願將一家之主的位置讓給兒子（大倉喜七郎），而持續擔任大倉財閥的龍頭，這也是令人吃驚的事。除了正妻之外，他還讓年齡足以當他孫女的妾住進向島的別墅，年過八十之後更喜獲二子，不論是強烈的事業心或旺盛的精力，都讓身旁的人目瞪口呆。

在戊辰戰爭時以軍火商的身分崛起的大倉喜八郎，為視察歐美諸國的工商業，於一八七二年（明治五年）帶著翻譯一同出國。停留倫敦之時，巧遇岩倉使節團一行人，憑藉當時岩倉具視、大久保利通和伊藤博文等人的知遇之恩，得以走上「政商」這條路。戊辰戰爭之後，日本又接連出兵台灣、爆發西南戰爭和日清戰爭

（按：甲午戰爭）等，使得政府不得不借助大倉喜八郎的力量。

因此，「發戰爭財自肥」的惡評一生都跟著他。尤其日清戰爭時發生的「砂石罐頭事件」，被新聞報導是由大倉喜八郎一手策劃，引起軒然大波。山中四郎的《日本罐頭史　第一卷》當中有一段寫道：「傳說明治、大正時代的富商大倉喜八郎在日清戰爭時，將加了石頭的罐頭出貨給軍隊，此事當然是誤傳，但民間的謠言讓大倉喜八郎變得像是缺德商人的代表一般。」可見是「死亡商人」的形象和對其浮華作為的反感，讓大家認定大倉喜八郎就是凶手。

日俄戰爭時，木下尚江所寫的反戰小說《火柱》當中，出現了一位以大倉喜八郎為原型的奸商大洞利八，使得砂石罐頭事件的謠言重新被提起，而大倉喜八郎從未為此辯解，讓人們對謠言更加深信不疑。

無論別人怎麼說都堅持自己的道路，大倉喜八郎就是這樣一個大膽無畏的人，而他與帝國飯店的關係便是最好的證明。

最強搭檔所興建的飯店

與前章介紹的鹿鳴館相同，促成帝國飯店誕生的人也是井上馨。井上馨於一八八三年（明治十六年）興建鹿鳴館，作為迎接外國使節的迎賓館。雖然飽受批評，但在逐漸習於接待外賓的這層意義上，鹿鳴館發揮了很大的作用。

順著同一套思路，接下來的構想便是興建真正的西歐式飯店。當時的東京已經有精養軒飯店、東京飯店、大都會飯店，橫濱則有格蘭飯店、東方宮殿飯店等可供外國人住宿，然而，與歐美的飯店相比，這些飯店的等級都被認為在中等以下，客房數也不過二十間左右，因此井上馨認為有必要興建符合帝都東京規模的飯店。

這時是鹿鳴館竣工後四年，井上馨因為修改條約失敗等問題而下台。澀澤榮一和大倉喜八郎聽聞了井上馨興建飯店的構想，帝國飯店的建設計畫遂以這兩人為中心逐步實踐。澀澤榮一雖然比大倉喜八郎小三歲，但在近代日本的實業界堪稱領袖人物。具有領袖魅力的澀澤榮一與有如推土機一般勇往直前的大倉喜八郎，可說正是這對「最強搭檔」聯手，才使帝國飯店的建設計畫得以成功。

大倉喜八郎的大倉組商會（之後的日本土木會社，現在的大成建設）也曾參與鹿鳴館的建設。根據《大成建設史》所述，二度出國的大倉喜八郎於一八八四年回國，對於日本沒有一棟如他在歐美下榻的飯店感到非常可惜。

一八八七年十一月，遂以大倉喜八郎和澀澤榮一為發起人，向東京府知事提交「創立公司申請」。當初提交的名稱是「東京飯店」，但由於日比谷已經有同名的飯店，故改名為「帝國飯店」。

根據朝倉治彥、稻村徹元所編的《明治世相編年辭典》，一八八八年曾流行「帝國」一詞，包括帝國大學、帝國水產會社、雜誌《帝國之柱》等，甚至連人力車的車夫都被稱作「帝國車夫」，清潔人員則被稱作「帝國清潔人員」。而且據說「帝國飯店」的名稱也被其他公司搶先登錄了，但澀澤榮一和大倉喜八郎仍堅持使用這個名稱。

帝國飯店於一八九〇年（明治二十三年）十一月開幕。負責施工的是大倉喜八郎的日本土木會社，負責設計的則是喬賽亞．康德的學生渡邊讓。本館是三層樓的西式建築，除了六十間客房之外，還備有早餐室、舞蹈室、閱報室、談話室、奏樂室、吸菸室、撞球室等，總計一千三百坪的空間，大約是鹿鳴館的三倍。順道一提，現在的帝國飯店共有九百三十一間客房。

就這樣，從十九世紀末起至二十一世紀的今天，帝國飯店依舊屹立於綠意盎然的東京日比谷一隅。

準備日本最高級的料理

開幕至今，帝國飯店的餐點無疑是正統的法國料理。《帝國飯店百年史》寫道：「社內缺乏從第一任吉川主廚到第七任高木主廚為止的相關紀錄，詳情不明。」並將第一代主廚寫作「吉川某」。然而，作家小島政二郎在他的創作〈秋風吹響風鈴〉（刊登於《小說新潮》一九六五年十一月號）當中提及：「帝國飯店的吉川兼吉大廚不同凡響。」根據小島的描述，吉川兼吉是「曾在橫濱二十號受到西洋人栽培的日本廚師領班」，在當時頗有名氣。而所謂的「橫濱二十號」指的是橫濱外國人居留地的號碼，二十號正是著名的格蘭飯店。

〈秋風吹響風鈴〉出自以凮月堂為藍本的連載小說，從人物皆以真實的名字登場可見，內容是根據史實所寫。

這份流傳至今的晚餐菜單，推測出自吉川大廚之手。這是帝國飯店開幕一個月後的一八九〇年十二月八日的菜單。以下省略法文部分，附上由《帝國飯店百年史》的編輯補充的內容：

牛肉	西洋酸模葉奶油濃湯
鱸魚	水煮鱸魚佐奶油牡蠣醬
雉雞	烤雉雞佐蒸煮高麗菜
小牛肉	黃金蛋黃烤小牛背肉佐番茄紅醬
蔬菜	四季豆
雛鴨	蒸烤稚鴨佐水田芥
甜點	水果布丁、起司烤麵包片

第一道西洋酸模葉奶油濃湯是鮮綠色的湯品，地中海捕獲的鱸魚也是經常出現在法國料理當中的魚類，雉雞看起來像是日本料理的食材，但在法國是著名的野味，同樣常出現在餐桌上，接著還有兩道肉類料理，最後則是甜點。

關於當時帝國飯店的住宿費，客房附餐點一天的費用是日幣兩元七十五錢至九元之間。當時剛畢業的巡佐月薪是八元，普通旅館一晚附兩餐的費用則是二十錢至五十錢左右，由此可知帝國飯店不是一般庶民消費得起的地方。

從開業至建設萊特館為止的經營困境

帝國飯店預設的客群是外國人和日本的上流階級，一八九一年法國總統之子、一八九三年葡萄牙公使和奧地利皇侄、一八九五年義大利皇族等人訪日時都曾入住。由於飯店開業的一八九〇年亦是帝國議會成立的年分，因此當初設想從各地到東京的議員也可以利用，然而，對議員而言光交通費就是很大的負擔，因此住宿大多選擇較便宜的地方。

《東京百年史　第三卷》當中描述：「帝國飯店的客人大多是訪日的外國富豪和東京的富商，被當作是上流社會的社交機構使用；井上馨和伊藤博文等人喜愛西餐，會連續三天來飯店享用，還有暴發戶會帶著七、八個藝妓舉辦晚宴。」此外，據說伊藤博文在議會開會期間都固定住在帝國飯店，而大倉喜八郎也經常帶人前來，在此宴客。

然而，剛開幕的十數年間客人很少，對帝國飯店而言是一段漫長的試煉。一八九四年二月七日的《時事新報》描述了飯店門可羅雀的樣子，寫道：「與春天的花朵和秋天的紅葉不同，現在都內的西洋旅館皆經歷如嚴冬般的蕭條，就連內山下町擁有六十餘間客房的帝國飯店，也僅有六組客人投宿。」僅六組客人投宿就已經令人吃驚，但根據《帝國飯店百年史》的紀錄，一八九四年下半期，平均每日投宿的人數是三．五人。雖然推測是受到日清戰爭的影響，但在這種情況下，飯店的財務無疑是大赤字。

不過，在考量事業的盈虧之前，大倉喜八郎擁有強大的信念，認為帝國飯店的存在對日本而言不可或缺，因此持續在這樣的逆境中咬緊牙關。

直到日本在日俄戰爭中獲勝，外國旅客增加，帝國飯店的業績才終於出現好轉的跡象。不過，與大都會飯店合併一事使帝國飯店的業績再度陷入低迷，過去擔任董事長的澀澤榮一於一九〇九年（明治四十二年）辭職，改由大倉喜八郎坐上龍頭寶座。

自創立以來，帝國飯店的第一大股東都是宮內省內藏頭[4]，而大倉喜八郎的持股在此時首度躍居第二。原是為了接待國賓，也就是在國家政策之下建造的帝國飯店，從這個時候開始，變得像是大倉財閥旗下的企業。

進入大正時代後，客人逐漸增加，六十間客房不敷使用，加上設備愈來愈老舊，便出現了在旁邊的土地上蓋新館的構想。由美國的建築師法蘭克・洛伊・萊特（Frank Lloyd Wright）設計的帝國飯店舊萊特館，以使用大谷石[5]的獨特外觀和關東大地震時也沒有倒塌的堅固著稱。

然而根據《帝國飯店百年史》的敘述，這項工程可說是災難連連。不僅別館和本館兩度發生火災，工期的延遲和施工費用的膨脹壓迫著飯店的經營，萊特和帝國飯店管理階層的關係也逐漸惡化，最後他不等新館完工，在工程進行到一半的時候就回國了。

最終，大倉喜八郎還是平安度過了這場最人的危機。一想到為了國家，他不能就此讓帝國飯店破產，而且對於居於龍頭後隨之而來的名聲，他也不打算放手。直到他的兒子大倉喜七郎於一九二二年就任帝國飯店會長為止，大倉喜八郎持續掌握著飯店的實權，交棒當時的他已經八十四歲，可說是個不折不扣的「怪物」。

一流廚師烹調的豪華外燴料理

接下來的內容有些特殊。如前所述，大倉喜八郎在向島蓋了別墅，作為接待政商界人士的場所。在約三千七百坪的腹地裡，有將過去大名府邸移建至此處的巨大木造舊館，和明治末期完工的西式新館。大倉喜八郎有時會在此與政府要人展開一對一的密談，也會邀請數百名賓客舉辦盛大的園遊會。

根據大倉雄二撰寫的《鯰——元祖「暴發戶」大倉喜八郎混沌的一生》，據說孫文訪日的時候，黨內一行人便曾出入向島別墅，在這裡與同志討論中國革命的戰略。而大倉雄二正是大倉喜八郎在八十一歲時生下的兒子，當時他與母親一起住在向島別墅。

別墅裡有專門製作日式料理的廚師，但舉辦以西式餐點招待客人的大型宴會時，大倉喜八郎則會特地從帝國飯店找來許多西餐廚師。據說重視禮法的帝國飯店，除了大倉家之外，不曾去其他的地方外燴。

向島別墅是展現大富豪大倉喜八郎財力的「接待所」，為了氣派的場面效果，即使客人不足十人，他還是會請一流飯店的廚師製作有如藝術品一般的料理宴客，據說有時外燴廚師的人數甚至比客人還多。負責上菜的則是帝國飯店的服務生，聽說碗盤皆為刻有大倉家紋章的特製品，銀製刀叉的象牙握柄上也刻有家紋。

當時的首相和大臣亦經常受邀來到向島別墅，進行極機密的會談，據說伊藤博文也是常客。大倉喜八郎經營的公司負責供應軍需品給陸海軍，與政治家有密切的來往也是想當然耳的事。

即便在日俄戰爭期間，大倉喜八郎依舊會舉辦盛大的宴會。以下是一九〇四年九月十四日《都新聞》的報導：

過去十天的傍晚，都可以看到一群人力車往北，朝著向島堤奔馳，……車子終於穿過大倉別墅的大門。誰是今晚喜八郎宴會的座上賓呢？根據本報社探子的千里眼，上席是伊藤博文，接下來是伊東巳代治男、大岡育造、石黑忠悳，還有即將以韓國顧問身分出差的目賀田種太郎，此次宴會的意義不言而喻。……戰爭中還如此氣定神閒，喜八郎用像蝦子一般的紅色和服襯衣釣朝鮮大鯛，他心中的盤算可謂精明。

日俄之間於一九〇五年八月底講和，但大倉喜八郎早在一年之前就曾設宴款待後來的第一任韓國統監伊藤博文和韓國財政顧問目賀田種太郎。包括朝鮮首爾到釜山之間的京釜鐵路在內，大倉在日俄戰爭時也承接軍用輕便鐵路等工程，從所謂的「朝鮮大鯛」一詞，不難想像朝鮮半島龐大的利權。

一九〇五年一月旅順開城，大倉喜八郎決定視察滿洲，至旅順慰問二〇三高地的要塞。大倉這項行動讓競爭對手相當擔心，因為他前往尚未分出勝負的戰場，自然是為了搶奪利權。

之後，大倉喜八郎將他在日俄戰爭時賺得的錢大膽投資中國大陸，於一九一〇年成立了民間第一間日中合作的製鐵廠。辛亥革命時，一九一二年於南京成立的孫文臨時政府希望向大倉調資金，他便應要求準備了三百萬日圓，若換算成現在的幣值，相當於約千倍的三十億日圓或更多。之後，袁世凱謀反推翻清朝，看來將摧毀孫文的南京臨時政府，大倉喜八郎遂又訪問袁世凱表達敬意。可見只要有利於生意，他可以與任何人攜手合作。

這樣的大倉喜八郎也有一段出人意表的軼事。他於一九一〇年前往滿洲，目的是視察滿洲鐵路建設要衝哈爾濱。當時他在哈爾濱的飯店吃了麵包，美味的程度讓他驚豔，於是挖角負責製作的廚師到帝國飯店任職。

大倉喜八郎遇到的正是傳奇的麵包師傅伊萬・薩戈揚（Ivan Sagoyan）。亞美尼亞出身的薩戈揚是繼承羅曼諾夫王朝麵包製作技術的師傅，為了逃離當局對亞美尼亞人的迫害而移居哈爾濱。他被大倉喜八郎的熱情感動，最後決定前往日本。

薩戈揚的麵包最大的特徵是不使用酵母，而使用釀造啤酒的啤酒花發酵。對於不好操控的啤酒花，薩戈揚會根據當天的氣溫等條件，發揮他天才般的直覺，決定材料的配方、揉捏程度以及烘烤的溫度等。他在帝國飯店擔任了十六年的麵包師傅，將製作麵包的技術傳入日本。

順道一提，根據東嶋和子撰寫的《菠蘿麵包的真相》，薩戈揚在來到日本之後製作了稱為「格雷派餅（galette）」的法式麵包，據說就是現在日本菠蘿麵包的起源之一。

被稱作「怪物」的大倉喜八郎，只用一代就累積了巨大的財富，在一九二八年以九十歲高齡結束了他波瀾壯闊的一生。即使現在的帝國飯店已經與大倉家無關，但廚房依舊烘烤著繼承薩戈揚技術的麵包。

譯註

1 與政府或政治家有利益勾結的商人，以日本戰前的財閥為代表。

2 太閤原指已將攝政、關白官位讓出的前主。因豐臣秀吉在讓位後自稱太閤，所以成為人們對他的尊稱。日後平民出身且能與豐臣秀吉相提並論的政要，就被比擬為「今太閤」。

3 東京都墨田區的地名，位於隅田川沿岸。

4 管理皇室財政的長官。

5 日本栃木縣宇都宮大谷町一帶開採的石頭。

第六章

大津事件與俄羅斯軍艦上的午宴
——尼古拉皇太子

十九世紀末震撼日本的大事件

從JR大津車站往琵琶湖方向大約走五分鐘，會看到一條小路，現在已鮮少人車經過的這條小路屬於舊東海道，由於直通京都，因此一直以來被稱作「京町通」。

在面向京町通的大津市京町二丁目（舊大津町大字下小唐崎町）一角，有一座高一公尺多的石碑，簡單不起眼的外型，就算經過都很難發現。

這座刻有「此附近露國（按：即俄羅斯帝國）皇太子遭難之地」的石碑，是為了紀念一八九一年（明治二十四年）五月十一日俄羅斯皇太子遇襲事件，也就是所謂的「大津事件」而豎立。當天，來日本旅行的俄羅斯皇太子尼古拉（Nikolai II Alexandrovich Romanov，後來的尼古拉二世）在從大津前往京都的途中，遭到警備巡查津田三藏以佩刀砍傷，襲擊現場就在距離石碑數公尺之處。

消息傳遍日本全國後，所有人都害怕俄羅斯報復，恐怕日本因此滅亡。就連當時的首相松方正義也像俄羅斯的艦隊即將襲日一般亂了手腳，強行介入審判，援引原本僅針對皇室的大逆罪，認為應該處死犯人津田三藏。

尼古拉的傷勢雖然深及骨頭，但幸好沒有生命危險，日本政府也為這起突發事件向俄羅斯謝罪，盡全力確保尼古拉完成他原本計劃的日本旅行。

如果將尼古拉訪日至回國為止的外交處理過程看作是大津事件的「第一幕」，那麼尼古拉回國後，針對津田三藏審判的司法和政治處理過程便可說是「第二幕」。一般所認知的大津事件「主角」，正是在第二幕時阻擋政府的介入、矢志遵守法律的大審院長兒島惟謙。這是因為從法律條文可以清楚知道，大逆罪的適用對象僅限日本皇室，不包括外國王族，因此要以此將犯人定罪，於法不合。維護司法權獨立的兒島惟謙被稱作「護法之神」，津田三藏因此逃過死刑，被判處無期徒刑。許多書籍在探討大津事件的時候，也都將重點放在「第二幕」。

不過在此不探討第二幕，而是以第一幕的主角尼古拉為中心，介紹與設宴款待相關的軼事，從不同層面來切入這起事件。

對照尼古拉之後的人生，會發現大津事件似乎預言了他不祥的未來——尼古拉二世作為長達三百年的羅曼諾夫王朝的「末代沙皇」，而在歷史上留名。

大國皇太子首次訪日

尼古拉出生於一八六八年，日本發生明治維新的這一年。在他十二歲的時候，祖父俄羅斯皇帝亞歷山大二世（Aleksandr II Nikolayevich）遭到恐怖組織暗殺，父親亞歷山大三世（Aleksandr III Aleksandrovich）隨之即位，他便成為了皇太子。

相較於他的父親亞歷山大三世有如巨人般力大無窮，尼古拉的身材中等，是一個不會讓人留下深刻印象的內向少年。據說他非常愛護母親，有所謂的「戀母情結」。即使已經將近二十歲，亞歷山大三世還是把兒子當作小孩看待，未曾讓他學習帝王學。

話雖如此，皇室在社交方面的教育卻非常周到，尼古拉無論對誰都和顏悅色，人見人愛。此外，他也是跳舞、滑冰、騎馬的好手，還能說流利的英、德、法語，是一個優柔寡斷且心腸軟的青年。就像一般的年輕人那樣，他醉心於社交生活，把大部分的閒暇時間都耗費在消遣上，而沒有花太多心思提高自己的學養。

除此之外，雖然在近衛騎兵司令部完成了軍事演習的義務，但他在寫給母親的信裡卻提及：「出席提供美食的愉快晚宴，之後玩了撞球、撲克牌、骨牌等遊戲，非常愉快。」

一八九〇年，亞歷山大三世將兒子送上遠東巡遊的長途之旅，想必是考慮到二十二歲的年輕王子至少必須關心一下俄羅斯周邊的世界。尼古拉於同年十一月從俄羅斯出發，經過維也納、希臘、埃及、印度、錫蘭（現在的斯里蘭卡）、東印度群島、泰國、香港、廣東等地，於翌年四月抵達日本長崎。他預計在旅途的最後前往海參崴，出席西伯利亞鐵道的開工儀式後再返國。

這趟旅程的目的地之所以選擇遠東而非歐洲，是因為遠東是當時世界兩大帝國俄羅斯和英國較勁的地區。然而，尼古拉對於這樣的國際情勢究竟了解多少呢？根據保田孝一所著的《末代沙皇　尼古拉二世的日記》，尼古拉自十四歲起就養成寫日記的習慣，但當中幾乎看不到他對日本或清國（按：即清朝）表示關心。皮耶·羅逖的小說《菊夫人》（*Madame Chrysanthème*）是他在艦內唯一閱讀的日本相關書籍，據說他對「藝妓」非常好奇。

於是乎，尼古拉雖是私下赴日遊覽，日本方面卻對於該給予他什麼樣的待遇傷透腦筋，因為至今為止雖已有多位歐洲皇族來過日本，但尼古拉是第一位造訪的大國皇太子。日本當時不過是個遠東的弱小國家，絕不能惹怒擁有世界最強陸軍的俄羅斯。為此，政府決定以國賓之禮迎接尼古拉，從長崎經由神戶、京都到東京，再遊覽東北各地，為其規劃了約一個月的旅程。在東京，天皇和皇族更是全體總動員，準備歡迎尼古拉的晚宴和各項活動。

要是沒有發生大津事件，想必可以在此介紹近代日本最高等級的饗宴菜單。然而，由於這起出乎意料的事件，尼古拉的旅程僅一週就宣告終止，為了歡迎他所做的事前準備，大部分都付諸流水。

享盡刺青和藝妓之樂

當時對於俄羅斯，大多數的日本人都抱持著既畏懼又反感的複雜情緒。過去日俄之間就存在樺太和千島列島的領土問題，加上這次尼古拉訪問遠東的主要目的是出席西伯利亞鐵道的開工儀式，而這項工程即是俄羅斯帝國擴張主義和南下政策的一環。有人認為，這代表俄羅斯在不久的將來勢必會將魔爪伸向朝鮮半島，也有些人認為尼古拉訪日的真正目的是視察國情，亦即進行軍事偵察，因此感到憤慨而做出可疑的行動，招致警方調查。

不僅如此，在尼古拉訪日之前，還出現各種誇張的流言蜚語。當中最滑稽的傳言，就是死於西南戰爭的西鄉隆盛其實還活著，且定居在俄羅斯，會隨著尼古拉返回日本。各大媒體的報導使得這項傳聞很快就傳遍日本，最終還傳進了明治天皇的耳裡。甚至有報導指出，如果西鄉隆盛回國，那些在西南戰爭建功者的勳章恐怕將會被收回。

事實上，大津事件的犯人津田三藏確實曾在二十二歲時參與西南戰爭，並獲頒七等勳章。津田三藏在犯下大津事件的時候三十六歲，根據他的口供，犯案動機是因為相信尼古拉訪日是為了偵察日本的情報，並認為尼古拉應該首先前往東京向天皇致敬才對。其他還有許多疑點有欠釐清的口供，然而，津田三藏真心相信西鄉隆盛生還，這個傳聞可說是事件發生的遠因。

另一方面，完全不知道這些傳聞的尼古拉率領七艘軍艦抵達長崎港。根據田岡良一所著的《重新評價大津事件》，尼古拉乘坐的帕米特．阿祖瓦號（Pamiat Azova）是一艘六千噸的裝甲巡洋艦，而隨行船艦也幾乎都是鋼製軍艦。至於派出迎接的日本軍艦，五艘中只有一艘是鋼製軍艦，還有兩艘小的木造船艦。相較之下，俄羅斯這支由七艘軍艦組成的艦隊無疑讓人心生恐懼。此外，希臘國王二十一歲的二王子，同時也是尼古拉親戚的喬治王子（Prince George of Greece and Denmark）也在阿祖瓦號上。

長崎與俄羅斯的關係深遠，許多俄羅斯人住在此地，而上述羅遜的小說《菊夫人》也是以長崎為故事的舞台。在正式訪問之前，尼古拉與喬治曾微服走在長崎的大街上，享受購物的樂趣。此外，尼古拉還派人與刺青師交涉，希望對方能為他刺青——想必是因為讀了《菊夫人》，知道羅遜就是在長崎刺青的緣故。日本當時認為刺青是野蠻的風俗，因此下令禁止，長崎縣的地方政府困擾著不知如何回應尼古拉的請求，最終只得如他所願，派遣兩名刺青師至艦內，為尼古拉刺上他選中的龍的圖案。

尼古拉正式上岸的時間是五月四日。根據野村義文所著的《大津事件》，當天於知事官邸舉辦的午宴菜單如左。一開始準備了俄羅斯名為「扎庫斯基（Zakuski）」的開胃菜供賓客站著享用，之後再端上正式的日本料理（菜單上有許多內容不明的料理，在此直接引用，僅變更記載的形式）。

御膳部

〔劍橘〕霜降鯛、肢白髮、小黃瓜、山葵
〔御坪〕鴨肉魚板、帶葉白蘿蔔、松藻
〔御平〕雞肉、山藥、銀杏、牛蒡、木耳
〔御汁〕雞湯、生合鴨肉、毛豆、小口萱竹
〔鳥台〕杉、貝類、高砂人形

二之御膳

〔須濱台〕鶴、昆布、紅白魚板、松
〔二之御汁〕鮑魚湯
〔二之御平〕山吹鯛、篠芋、見菜
〔二之御坪〕雲雀、花柚
〔青目籠〕小花鱸、衝羽根魚板、宮城野、魁蒿
〔鳥台〕國旗

〔引落〕豆渣拌鯛魚、海糞
〔御湯〕小菜、薄茶
〔吸物〕蝦、麵線、枝蕨
〔小箱〕鰻魚、福女
〔皿引〕鯛魚生魚片、蘿蔔雕花、濱松、薑
〔大坪〕鯨、茗荷
〔梅碗〕蛋黃羊羹、湯圓
〔硯蓋〕芙蓉蛋、金花羹、蝦卷、菊慈姑、石耳、照燒雛雞、一松羹、黑慈姑、藤形
〔大鉢〕直美須鯛

長野縣知事在報告書中寫道，第一次品嘗日本料理的尼古拉「非常滿意」，但尼古拉在日記中則敘述道：「令人驚訝地乾淨，使人食慾大開，但午餐並不美味。坐在墊子上著實不方便，膝蓋非常痛。」

根據尼古拉的日記，他與喬治王子當晚偷偷從稻佐上岸，找來丸山的藝妓，直到深夜才回到軍艦上。傳說他當時寵幸了一位名叫「榮」的女性，但日記中並沒有相關的記述。縣知事似乎也識相地沒有特別找來這位女性調查真相，報告書中隻字未提。

在長崎受到熱烈歡迎的尼古拉，接下來抵達鹿兒島。他在舊藩主島津家接受藩政時代的日本料理款待，於日記中寫下「希望在俄羅斯也能隨時享用到這樣的晚餐」，給予了正面評價。此外，他也不忘讚美道：「每一個女孩都非常美麗。」

不穩的內閣與天皇的決心

尼古拉一行人於五月九日登陸神戶，乘坐火車前往京都，在京都投宿新建的常盤飯店。飯店當時為尼古拉準備了西式與和式兩種房間，而尼古拉選擇了和式。他與喬治當天晚上微服前往祇園的中村樓，找來舞妓助興，據說直到凌晨兩點才回到飯店。尼古拉於翌日晚上又前往茶屋，這天，他在日記中寫道：「藝妓的舞姿曼妙。」

接著來到關鍵的五月十一日。當天早上，尼古拉一行人從京都出發，在琵琶湖和三井寺觀光。在返回京都的路上，歡迎的群眾將京町通擠得水洩不通，負責維安的巡查津田三藏則在下午一點五十分左右，突然拔出佩刀襲擊尼古拉。津田兩度砍向尼古拉的太陽穴，又繼續追趕逃跑的他。

發現異狀的喬治用買來當作紀念的竹棍朝著津田三藏一陣亂打，人力車夫向畑治三郎趁津田三藏慌亂的時候抓住他的雙腳，將他拽倒在地，另一名車夫北賀市市太郎則撿起掉落在地的佩刀砍向津田三藏。順道一提，尼古拉將這兩名人力車夫視為救命恩人，他們也得到俄羅斯給予的大筆終身年金。

這時，好不容易趕到的其他巡查將津田三藏逮捕，現場雖然陷入一片混亂，但尼可拉還算沉著，冷靜地在日記中寫下事發經過。

事發後大約一個小時，東京的內務大臣收到來自縣知事的緊急電報。由於當時並不清楚尼古拉受傷的程度，內閣一片驚愕。而首相松方正義在事發五日前，才剛接替山縣有朋上任。

明治天皇受到的衝擊也很大。面對動搖國家的大危機，尚未站穩腳步的新任首相和內閣並不足以託付，而天皇最信任的伊藤博文當時則在箱根。天皇先是指派北白川宮能久親王前往京都代為探望尼古拉，之後又決定親自前往。當時三十八歲的天皇不依靠政府，積極掌握領導權，出面收拾這件醜聞。

要說這起事件動搖了整個日本政府也不為過。假使世界數一數二的軍事大國俄羅斯發動武力攻擊，日本將毫無招架之力。危害未來皇帝的安全一事，想必會讓俄羅斯非常憤慨，甚至有人預測，俄羅斯必會要求日本交出九州或千島列島作為賠償。

根據平塚篤編纂的《伊藤博文秘錄》，後藤象二郎和陸奧宗光兩位大臣要求與伊藤博文會面，他們認真提議只要僱用刺客刺殺犯人，再推說犯人病死即可，還說俄羅斯也經常這麼做。伊藤博文聽完之後目瞪口呆，回答道：「你們應該為說出這些話感到羞恥。」

以在西伯利亞從事諜報活動聞名的石光真清的手記《城下之人》也提及了大津事件。石光當時隸屬近衛師團，負責護衛天皇前往京都。得知尼古拉在大津遭到襲擊受傷的消息時，近衛兵全都嚇破了膽，甚至有人不停地發抖。會出現這樣的反應是因為當時日本的陸軍共有六個師團，而海軍幾乎形同虛設。石光真清記述道：「想必在他們一行人眼中，日本的軍隊就像是穿著軍服慶祝七五三節[1]的小孩一般乳臭未乾。」

在大津事件被媒體報導之後，日本全國陷入恐慌，各地的祭典活動取消，大相撲和股市也臨時休業，聲色場所暫停攬客，甚至有銀行擔心將爆發戰爭而停止貸款。俄羅斯公使館收到來自全國各地慰問尼古拉的信函和電報，以及大量的慰問品。根據尼古拉的日記，點心和酒樽堆積如山，還有人送來鳥和金魚。此外，有一位名叫畠山勇子的二十五歲女性，為求尼古拉繼續留在日本，留下遺書後在京都府廳前自刎，因而被稱許是烈女。現代人或許很難理解這些行為，但由此可見日本全體國民當時是如何想盡辦法，拚命展現謝罪之意。

俄羅斯軍艦上破例舉行的午宴

五月十二日早上六點半左右，天皇自新橋車站出發，於晚間九點多抵達京都。天皇出巡原本需要經過各種事前準備，但這次是略過這些規定的特例，從中可感受到天皇的強烈意志，認為修復與俄羅斯的關係是自己的重責大任。在此前後，皇族與政府高官也都陸續抵達京都，街上議論紛紛。

尼古拉身旁的親信在事件發生後高度警戒，盡量避免讓他與日本人接觸，同時拒絕接受日本派遣的醫師診療。日本政府知道尼古拉的傷勢並不嚴重，於是懇請俄羅斯不要中止接下來的旅程。這是因為只要尼古拉還滯留在日本國內，俄羅斯就不會武力進攻，亦即站在保障日本安全的層面，希望尼古拉按原定計畫在東京接受盛大的款待，拂去不好的印象之後再回國。

那麼，當時尼古拉本人是怎麼想的呢？至少從他的日記當中看不出厭惡日本之情，也似乎希望繼續旅程。然而，由於犯人是日本方面負責維安的巡查，這讓尼古拉身邊的人變得異常神經質，就像遭到敵人包圍一般緊張，他們因此向俄羅斯報告，對於讓尼拉古動身前往東京一事有所疑慮。最終，尼古拉在本國命令下，預計十三日從京都出發，搭乘停泊在神戶港的阿祖瓦號返國。

聽到消息的天皇擔心事態嚴重，派遣伊藤博文說服俄羅斯公使，說什麼也要阻止皇太子從京都前往神戶港。然而為時已晚，已經無法改變尼古拉搭艦返國的決定。

不僅如此，俄羅斯公使還提出了前所未見的要求，那就是為了保障皇太子的安全，希望天皇陪伴，一起從京都前往神戶港。天皇接受了這項請求，帶著尼古拉搭乘皇室專用的御召列車一同前往神戶。這又是一次突發的出巡，且看到天皇就像對待自己的孩子一般拉著尼古拉的手，據說政府高官和天皇身邊的人都憤慨得說不出話來。天皇在將尼古拉送上阿祖瓦號之後回到京都御所，由於在事件發生後完全沒有闔眼，因此臉色十分憔悴。

尼古拉在阿祖瓦號上靜養一段時間之後，終於確定於十九日離開日本。政府高官聽到消息後驚慌失色，畢竟不排除俄羅斯艦隊可能在尼古拉回國後進攻。十八日，作為最後的機會，天皇邀請尼古拉翌日於神戶的宮內省別墅共進午餐，希望藉由親自設宴，建立日俄兩國的信賴關係。

對於天皇的邀請，尼古拉欣然接受。然而，他身邊的侍醫和親信大力反對，表面上以傷勢尚未痊癒為由，但真正的原因想必是不希望皇太子離開軍艦。尼古拉與親信展開激烈的爭辯，聽聞此事的天皇不得已只好取消邀約。

而尼古拉體察天皇的心情，為無法接受招待感到抱歉之餘，反過來邀請天皇於阿祖瓦號上共進簡單的午餐。然而，這項邀約又產生了新的問題。在日本，從未有過天皇出巡外國軍艦的先例，如果因此遭到俄羅斯綁架則後果不堪設想，天皇的親信和大臣皆大力反對此事。

實際上，一八八二年壬午兵變的時候，李鴻章的手下馬建忠就曾用汽船將朝鮮高宗的父親大院君李昰應綁架到大清國，在此先例之下，擔心天皇遭到綁架也不能說是杞人憂天。加上天皇入口的食物都必須經過試毒以確保安全無虞，但在俄羅斯的軍艦上卻做不到這一點。

根據《明治天皇紀》的記載，當時天皇泰然自若地說道「俄國乃先進文明之國，豈敢做出如爾等憂慮般的野蠻行為」，決定接受尼古拉的邀請。天皇可說是在赴宴之前，就做好可能被當成人質的心理準備。

翌日十九日十二點半，阿祖瓦號鳴放一百零一響禮炮，歡迎天皇一行人登艦。十二點五十分，天皇與尼古拉和喬治等人共進午餐。

陪同參加這場午宴的人包括有栖川宮熾仁親王、北白川宮能久親王，以及少數的親信和翻譯。阿祖瓦號艦內擺設了一張長桌，上座是特別為天皇準備的座席，式部官長崎省吾以翻譯的身分站在後面；尼古拉坐在右邊的座位，與熾仁親王相對；能久親王與喬治、宮內大臣土方久元與侍從長德大寺實則面對面；其下的司令長官、俄羅斯公使、尼古拉的隨從武官、阿祖瓦號艦長則分別與式部次長三宮義胤、近衛參謀長陸軍步兵上校立見尚文等人相對而坐。

由於這是臨時決定的小規模餐會，因此沒有留下菜單的正式紀錄。不過阿祖瓦號想必與一般海軍的膳食不同，為皇太子裝載了許多豪華的食材。俄羅斯的貴族一般都是享用高級的法國料理，桌上應該還會有俄羅斯產的魚子醬。此外，為配合長時間的航行，想必也準備了鹽漬肉品等可以長期保存的食材。尼古拉喜歡喝酒，據說尤其偏好高加索產的阿伯朗・杜索（Abrau-Dyurso）香檳，或許他們餐前就是用香檳乾杯。

且俄羅斯人習慣在吃飯的時候抽菸，根據《明治天皇紀》的記述，尼古拉拿出菸草邀請天皇一起抽，結果天皇不慌不忙地從自己的衣服裡取出捲菸草，遞給尼古拉。天皇平時不會攜帶菸草，因此侍從長等人都感到很驚訝，據說這是天皇自己準備的。

談笑之間，天皇提及這次的事件並深表遺憾，尼古拉則表示無論哪一個國家都會有瘋子，自己的傷是瘋人所為，不需掛心。根據《明治天皇紀》的敘述，俄羅斯公使後來在提及當日的情景時說道：「從未見過日本天皇如此高聲談笑。」想必是在高度緊張與激動的情緒之下，使天皇的聲調比平時來得高。

午宴在和諧的氣氛中結束，天皇在下午兩點離開阿祖瓦號，返回別墅的棧橋，在別墅待命的眾人終於一展愁眉。四點四十分，俄羅斯艦隊從神戶港出港，駛向海參崴。尼古拉在日記中寫道：「不可思議地，離開這個有趣的國家竟如此令人感傷。我從一開始就非常喜歡這個國家的一切，……就連發生那樣的事件，也沒有讓我留下悲傷或不愉快的記憶。」之後俄羅斯也未提出日本所擔心的賠償要求。

尼古拉二世的末路與染血的手帕

以下簡單介紹尼古拉之後的命運。大津事件發生後三年的一八九四年，父王因急病過世，尼古拉在尚未做好心理準備之下即位成為尼古拉二世皇帝。而日清戰爭後的三國干涉還遼造成俄羅斯與日本的關係惡化，一九〇四年爆發日俄戰爭，俄羅斯軍隊相繼敗北，帶給國民巨大的衝擊。敗戰使得批判皇帝的聲浪高漲，成為革命的導火線。另一方面，尼古拉於即位那一年結婚，在生下四個女兒之後終於得子，但皇太子生來患有血友病，導致皇后重用被稱為「顛僧」的拉斯普丁（Grigori Yefimovich Rasputin），尼古拉更因此失去作為專制君主的威望。

終於，一九一七年爆發第二次俄國革命，尼古拉被迫退位。遭到蘇維埃政權移送並拘禁的尼古拉，於翌年五十歲時，與全家人一同慘遭殺害。

尼古拉死亡的真相一直遭到隱匿，直至蘇聯解體後的一九九一年，於葉卡捷琳堡（Yekaterinburg）發現了推測是尼古拉一家人的數具人骨，到一九九八年才終於下葬歷代沙皇長眠的聖彼得堡大教堂。在為人骨進行ＤＮＡ鑑定時，大津事件中沾有尼古拉血跡的手帕也派上用場，但由於上面附著了大量的塵埃和髒汙，因此無法得到明確的結果。

話說回來，如果當時沒有在阿祖瓦號上舉辦午宴，十九世紀末日俄戰爭比日清戰爭更早發生的話，結果將會是如何呢？我不禁覺得，這場發生於一八九一年、為時一小時十分鐘的午宴，雖然幾乎被世人遺忘，但是實際上卻可能是近代日本的命運分歧點。

譯註

1 根據日本傳統習俗，專為三歲男女童、五歲女孩以及七歲男孩祈福的日子。

第七章 在河豚產地召開的日清議和會議
——伊藤博文

喜好酒、女人、菸草的第一任內閣總理大臣

二〇〇六年成為歷史上第五十七任內閣總理大臣的安倍晉三，雖然當時就任大約一年即辭職，但包含他在內，山口縣至今為止總共誕生了八位總理。而這個系譜的起點，就是第一任總理伊藤博文。

一八四一年（享保十二年），伊藤博文出生於熊毛郡束荷村（現在的山口縣光市），搬到萩之後，父親成為伊藤家的養子，開始使用伊藤這個姓氏。伊藤博文年

輕時叫作俊輔，曾在松下村塾學習，後與桂小五郎（後來的木戶孝允）和高杉晉作等人為尊王攘夷運動奔走。然而，一八六三年（文久三年），他與盟友井上聞多（後來的井上馨）等人秘密留學英國，成為開國與倒幕的契機，之後竭盡心力促成薩長同盟和與英國的合作。

明治維新後，歷任政府要職的伊藤博文致力於制定《大日本帝國憲法》與開設國會。一八八五年（明治十八年），隨著內閣制度的創立，伊藤博文擔任了第一任內閣總理大臣，之後總共擔任過四次首相，成為明治時代名副其實的最高領導人。

經常有人拿伊藤博文與豐臣秀吉比較，這是因為在多為下級武士出身的幕末志士當中，伊藤博文的身分又更低下。與他親近的德國醫師埃爾溫·貝爾茲（Erwin Bälz）在「春畝公追頌會」編纂的《伊藤博文傳　下卷》當中敘述：「新日本的元勳中，唯公不屬於武士階級，出生於卑賤家庭。」明治這個時代讓伊藤博文這般出身的人也有機會獲得天皇的信任，行使最高權力，可說人們藉由他擔任首相一事，實際感受到新時代的來臨。

另一方面，說到伊藤博文，一定會出現的關鍵字就是「好女色」和「飲酒作樂」。貝爾茲也曾如此描述：

公喜好酒、女人、菸草。且毫不掩飾，經常說：「君等對我沒有期待。終日執掌國務，頭暈腦脹，這時比起穿著制服的侍者在晚餐時為我倒酒小酌，天真又美麗的藝妓，她們的手或許更能帶給我安慰。」

在鹿鳴館時代，第一任總理伊藤博文之所以被迫辭職，也是起因於他與戶田氏共伯爵夫人極子的醜聞。然而，即使好女色，還是有很多人說他是一個沒有私心、公正清廉且懂得變通的人。此外，他的賢內助伊藤梅子也功不可沒，據說伊藤博文在梅子面前一輩子都抬不起頭，甚至將「明治天皇和妻子（梅子）」並列為他所尊敬的對象。

梅子與伊藤博文初次相遇的地方，是現今位於下關市唐戶的龜山八幡宮。一八六五年（慶應元年），遭到攘夷派刺客追殺的伊藤博文逃進龜山八幡宮，而在八幡宮內阿龜茶屋工作的梅子則協助他藏匿。翌年，當伊藤博文聽聞梅子被賣入青樓的時候，為了報答她的救命之恩，便正式娶她為妻。梅子之後學習和歌、英文等，得到賢妻良母的美譽。

如今造訪兩人邂逅的龜山八幡宮，除了阿龜茶屋的遺址立有一塊告示牌之外，還有一座顯眼的銅像，那就是號稱「世界最大」的河豚銅像。每年配合河豚捕撈解禁的時節，當地民眾就會在這座銅像前舉辦祈求航海安全和漁獲豐收的祭典。說到下關便會想到河豚，就連美食家北大路魯山人也曾盛讚河豚的美味，說道：「從未吃過比這個更美味的東西。」並保證「下關的河豚新鮮」，絕不會錯。

事實上，下關名產河豚與明治時代最具代表性的政治家伊藤博文之間，有著令人意外的密切關係。

在下關解除豐臣秀吉的河豚禁食令

在下關，普遍將河豚（fugu）念作「fuku」，據說是因為在日文中「fuku」與「福」同音，而「fugu」則與「不遇」同音，因此不受青睞。河豚現在成了庶民不易取得的高級食材，且只要吃了內臟等含毒部位必死無疑。然而，從下關大約兩千五百年前的貝塚當中出土了河豚的魚骨，證明日本人自古以來就有吃河豚的習慣。

追溯起來，下令禁止吃河豚的人其實是豐臣秀吉。十六世紀末，豐臣秀吉兩度遠征朝鮮，來自全國各地的武士大多經由下關前往朝鮮半島。根據中原雅夫所著的《河豚百話》可知，當時的武士不知道河豚有毒，因此陸續有人誤食而死，為此震怒的豐臣秀吉遂下達了河豚禁食令。

明治維新之後，食用河豚在庶民之間急速普及，由於不是專人處理，導致許多人中毒而死。為此，明治政府也下令禁吃河豚，而後來解除這項禁令的人正是伊藤博文。

一八八七年（明治二十年）末，造訪下關的伊藤博文投宿在名為春帆樓的料亭旅館。春帆樓位於龜山八幡宮以東徒步三、四分鐘的位置，對於伊藤博文而言是從以前就很熟悉的店。

當時春帆樓的女主人想用著名的海鮮料理招待總理大臣伊藤博文，但由於海上風浪的緣故而買不到魚，幾經苦思，她做好掉腦袋的心理準備，端出了禁忌的河豚料理。沒想到河豚的美味讓伊藤博文為之驚豔，直說沒理由禁止這麼好吃的魚，遂在翌年單獨解除了山口縣的河豚禁食令，從此以後，春帆樓便高掛「河豚料理公許第一號店」的招牌。許多與河豚相關的文獻都會介紹這段軼事。

事實上，春帆樓的介紹手冊裡還為這段故事做了補充。幕末時期，下關表面上實行河豚禁食令，但與高杉晉作等人一起造訪當地的伊藤博文卻曾多次品嘗河豚，早就知道河豚的美味。然而，他還是裝出第一次吃到河豚的表情，解除了河豚的禁令。於是乎，山口縣的河豚禁食令於一八八八年解除，但兵庫縣直到一九一八年（大正七年）、大阪府直到一九四一年（昭和十六年）才終於解禁。

從當地富商白石正一郎的日記，也可以發現幕末志士曾在下關品嘗河豚。白石正一郎在經濟上援助高杉晉作等人，奇兵隊成立之後也率先加入，是一名傑出的隊士。而他在一八六七年（慶應三年）一月十七日的日記當中寫道「中午過後以小藩的河豚設宴招待」，同年二十六日寫道「安排河豚料理送到船上」，三月三日則寫道「河豚配酒」。順帶一提，江戶時代的河豚料理一般都是指「河豚湯」，也就是現在所熟知的「河豚鍋」，但白石正一郎所謂「送到船上」的料理，應該是河豚的生魚片。

春帆樓因為伊藤博文而得到河豚料理公家許可第一號店的榮譽，至今依舊是一間高級割烹旅館。不過，伊藤博文與春帆樓的關聯不僅僅是解禁河豚而已。一八九五年（明治二十八年）三月，在決定舉辦日清議和會議之後，伊藤博文便指定春帆樓為談判會場，與外務大臣陸奥宗光一同以日本全權大使的身分出席會議。伊藤博文當時五十三歲，相對於此，清國的全權大使是軍政和外交的掌權者，也就是舉世聞名的李鴻章，當時則已七十二歲。

緊鄰談判會場的煙花巷

春帆樓的前身是眼科醫生藤野玄洋於一八七七年（明治十年）開業的醫院。根據梅崎大夢的《雜錄　春帆樓》，藤野玄洋的醫院不僅提供診療，更設有「化學藥湯場」，供患者入浴療養，此外還有娛樂休憩場所，並提供料理。一八八七年，藤野玄洋歿後，遺孀藤野滿將醫院改建為兼營日本料理的割烹旅館，也就是延續至今日的春帆樓。由於藤野玄洋廣泛結交幕末志士，據說許多來到下關的政府高官都會造訪這個由藤野滿主理的旅館，當然，伊藤博文也是其中一人。

根據一九〇〇年刊行的《下關案內記　暨山口福岡兩縣名勝錄》（柏村一介等著），春帆樓在「料理店」的條目中排名第一，在「旅館」的條目則排名第二（以下出自「旅館」的條目）：

◎春帆樓（阿彌陀寺町）作為日清議和的談判場所而名震四海，左邊是在紅石山麓赤間宮祠畔巍然翠綠間新建的三層聽濤樓，正中央是春帆樓，右邊則是月波樓，是一間宛如城郭的雄偉旅館。庭中紀念議和的花卉描繪出當時的景象，除了點綴翠綠的一抹紅和其他地方無法比擬的絕景佳色之外，周到的料理和懇切的服務無人能出其右，無論貴賤貧富，都能善盡其道。……

另一方面，同一本書中還有「遊廓」這個介紹花街柳巷的條目。下關也是以尋歡聞名的地方，書中寫道：「甚至有人嘲笑整個市街就是一處大型煙花巷。」當中又以稻荷町最為出名，為「自古以來的一大花街」，這裡有許多氣質高尚的美妓，造訪的客人絡繹不絕，宛如不夜城。而伊藤博文的妻子伊藤梅子過去就是被賣身到位於稻荷町的「伊呂波樓」。

如今從龜山八幡宮往北走兩、三分鐘，有一座名叫末廣稻荷神社的小神社。前面立有介紹牌，寫道：「稻荷町之名與眾多妓院和名妓一起響遍全國。諸如井原西鶴、十返舍一九、賴山陽等，自古以來就有許多文人墨客造訪。幕末志士高杉晉作、伊藤博文、山縣有朋、井上馨的夫人皆是此地出身，吸引許多來自全國各地的訪客。」伊藤博文、山縣有朋、井上馨，三位元勳的夫人皆為山口縣出身，與稻荷町有很深的淵源。

被選作日清議和會議地點的春帆樓，與當時全國知名的花街稻荷町近在咫尺，而被指定為李鴻章等清國使節團下榻處的引接寺，甚至比春帆樓更靠近花街，幾乎就在隔壁。不禁讓人懷疑，選在春帆樓締結左右國家命運的條約是否真的適合。

事實上，在李鴻章之前，日本曾經與清國議和使節在廣島舉行過一次會議，但翌日即宣告決裂。伊藤博文之所以選定下關作為新的談判場所，想必是對這塊土地有著特別的情感。且這並不是他第一次出席在下關舉辦的議和會議，而是第二次。

第一次發生在一八六四年（元治元年）的下關戰爭之際，長州藩與英、荷、法、美四國聯合艦隊爆發戰爭，最後投降。當時二十多歲的伊藤博文緊急從英國返國，親自為談判奔走，作為議和使者高杉晉作的翻譯，出席議和會議。當時逃過一劫的長州藩，之後與薩摩藩聯手，四年後成功推動明治維新。這場議和會議的記憶，無疑鮮明地烙印在伊藤博文的腦海裡。

況且這場時隔三十一年的日清戰爭與下關戰爭時不同，日本是以勝者之姿站在壓倒性的有利位置。清國透過美國啟動議和，但日本國內尚有許多希望繼續戰爭的聲浪，日本政府也不急著和談，在李鴻章之前，面對前來會談的使者，皆以委任狀不完備或無代表資格等理由回絕。對此無計可施的清國，只能派李鴻章前來議和。

另外，伊藤博文在此之前的一八九二年，於眾望所歸之下二度回任總理。伊藤加上內閣成員法務大臣山縣有朋、遞信大臣[1]黑田清隆、內務大臣井上馨、陸軍大臣大山巖，五大元勳全員到齊，成功地說服英國，解決一直懸而未決的條約修正問題。如前所述，下關的海產新鮮豐富且美妓眾多，對於伊藤博文而言，既是他熟悉的地點，又是帶給他好運的地方。而日清議和會議正是日本向世界展現實力的絕佳機會。

滯留日本期間自炊的清國使節團

三月十九日，乘載李鴻章和一百多名隨行人員的兩艘汽船抵達關門海峽沿岸，在此下錨。伊藤博文為一行人準備了餐食，但李鴻章予以拒絕，想必是因為日清兩國當時仍在交戰當中，不能吃敵人所準備的飯菜，也可能是慎防誤食河豚的劇毒。根據北濱喜一所著的《河豚博物誌》，中國自古以來也將河豚視為珍饈，而且中國人或許曾利用河豚的毒素進行暗殺。

使節團在抵達之後，從船上卸下了數量驚人的行李。當時《東京朝日新聞》的報導如下：

運送行李到引接寺的車輛共二十六台，行李總數一百四十件。除了鍋、釜、火盆、筷子、破茶碗、炭之外，竹籃裡還有切半的豆腐兩塊、經過烹煮的雞肉數塊，以及兩、三塊烤豬肉。

使節團甚至把廚師也帶來，滯留日本期間都自己煮飯。想必是因為李鴻章年事已高，擔心他吃不慣外國的食物而導致身體不適，船上堆滿了食材、飲用水、日用品等大量物資。

日方為使節團在引接寺房間的地板上鋪地毯，掛上畫軸，修整庭園，做好讓他們下榻的準備。此外，作為會議場所的春帆樓也在房間裡掛上兩盞大吊燈，準備了法國製的暖爐、裝在盒子裡的火盆、痰盂等，還有一張大桌子和十六張大小不同的椅子。椅子據說是濱離宮所賜，特地從東京運來。此外還備妥筆墨、印泥、蒔繪裝飾的硯盒等。

現在的春帆樓腹地內設有「日清議和紀念館」，館內中央重現了舉行議和會議的房間，其中的家具和文具等都是百年前實際使用的物品，每一件都非常精美。雖然春帆樓的主體建築物曾在一九四五年的空襲中燒毀，經過重建，但紀念館本身則免於戰火破壞，直到今日。

李鴻章一行人於三月二十日首度上岸，前往春帆樓，他乘坐八名轎夫所抬的專用轎子，外觀以羅紗和大鵝絨裝飾，非常豪華，其他人則乘坐人力車。為了一睹一行人的樣貌，路上擠滿了黑壓壓的人群。第一次會談在交換委任狀和由清國提出備忘錄之後告終。最初的兩天李鴻章都住在船上，直到翌日二十一日才進入引接寺。同日舉行了第二次會談，但沒有觸及核心問題。

李鴻章要求在議和會議之前先討論停戰問題，但伊藤博文在第二次會談中提出了非常嚴苛的條件，並表示只要滿足這些條件就答應停戰。背後的考量是如果先停戰再談和，清國就可以拖延談判的進度，趁機要求列強諸國干涉，做出許多不同的策略規劃。伊藤博文為了防止這樣的可能性才提出嚴苛的條件，最終，清國不願接受日方的條件，在未停戰的情況下，直到二十五日的第四次會談才進入議和條約的討論。

與遭到狙擊的李鴻章交涉議和條約

二十四日，第三次會談結束後的下午四點三十分左右，清國使節團在返回引接寺途中發生了出乎意料的插曲——李鴻章遭日本的狂徒開槍狙擊，左臉受重傷。襲擊李鴻章的是自稱小山六之助（本名小山豐太郎）的年輕人，當場遭到壓制。子彈雖然命中李鴻章左眼下約一公分處，但幸好並未傷及眼球，卡在骨頭，沒有生命危險。

伊藤博文對這起突發事件感到不知所措，畢竟任誰都會聯想到四年前的大津事件。議和會議才剛開始全權大使就遇襲，列強諸國必定會批判日本是一個野蠻的國家。而且李鴻章年事已高，傷勢令人擔心，如果他因此回國，事情將變得更加棘手。

與大津事件當時相同，各大團體與有志之士陸續派遣慰問團前往下關，並捎來了大量的慰問電報。全國三十間報社也聯名寫了一封慰問信，由朝日特派員西村天囚代表前往引接寺，將慰問信和作為慰問品的六十隻雞親手交給使節團。然而，李鴻章僅收下慰問信，禮貌地婉拒了雞。

日本擔心這次的狙擊事件會讓世界各國開始同情清國，認為若要避免這樣的事態發生，只能無條件接受停戰協議。最終在三月三十日，雙方於台灣和澎湖列島以外的地區確立了停戰協議。

順道一提，狙擊李鴻章的小山豐太郎過去是政治家兼講談師[2]伊藤痴遊的書生，據說伊藤痴遊還因此受到牽連，被懷疑是教唆小山的主謀，遭警察拘捕。根據伊藤痴遊的說法，小山豐太郎的犯案動機是為了妨礙議和會議，讓戰爭能夠持續進行，而且被盯上的不僅是李鴻章，他還計劃奪取伊藤博文的性命。

有趣的是小山豐太郎放棄刺殺伊藤博文的理由。他在來到下關之前，曾在大本營所在的廣島等待刺殺伊藤博文的機會。然而，他看到與藝妓走在一起的伊藤博文後，心想在這樣的困境之下他竟然還如此從容，覺得殺了他太可惜，於是放棄了計畫。

不知有人想要取他性命的伊藤博文，於四月一日首度向清國提出議和條約的草案，計劃待李鴻章康復後繼續會談。然而，日本提出的嚴苛要求超出清國的意料，李鴻章只好使出拖延戰術。

伊藤博文進一步施壓，表示不允許對方繼續拖延下去，要是談判破裂，就會立刻出動六十至八十艘運輸船，增派大軍到戰場。實際上，四月十三日確實有增援的大軍從廣島的宇品港出航，陸續前往旅順。李鴻章從引接寺看到運輸船通過關門海峽的景象，發覺事態嚴重，立刻與清國商議，研擬該如何回覆日本。

經歷狙擊事件後，李鴻章一行人在往返引接寺和春帆樓之間時，都會避免走大路而改走山間小路，這條路至今依舊被稱作「李鴻章道」，道路狹窄的程度讓人吃驚。多次往返這條路談判的李鴻章，最後只能讓日本做出些微的讓步，雙方終於簽署議和條約。

定案的《日清議和條約》（按：即《馬關條約》）主要項目的要旨如下：

一、清國承認朝鮮國是完全獨立自主的國家。

二、清國割讓遼東半島、台灣和澎湖列島。

三、清國支付軍事賠款二億兩白銀（相當於當時的三億日圓）。

四、以清國與歐洲各國簽訂的條約為基礎，答應與日本締結日清通商航海條約和陸路交通貿易相關規約，給予日本政府和國民最惠國待遇。

此外還包括開放港口、航路、稅金等相關項目，在此不多詳述。這是日本自開國以來第一次在正式的對外戰爭中取得勝利，提出的所有要求幾乎都獲得滿足，在得知獲得大筆賠款和殖民地的消息後更是舉國歡騰。

十七日十一點四十分，於春帆樓舉行的日清議和會議結束，李鴻章一行人當天就收拾行李返國。伊藤博文等人則在下午邀請二十多位下關的市會議員，向他們報告結果，接著下午四點起，下關的有志之士邀請了全權代表伊藤博文、陸奧宗光以及隨行人員，在春帆樓舉辦盛大的慰勞宴會。翌日，伊藤博文和陸奧宗光為了向天皇上奏和談達成協議，乘船前往廣島。

結果，兩國的代表直到最後都沒有機會一起用餐談笑。簽下屈辱議和條約的李鴻章悵然若失，就算獲邀參加宴會，想必也會加以婉拒。另一方面，在上奏天皇之後，於廣島舉行祝賀和歡迎伊藤博文等人的宴會，據說持續了四、五天。

河豚料理成為在日本的「最後的午餐」

然而，在條約簽署的一週後，也就是四月二十三日，一盆冷水潑向被勝利沖昏頭的日本人。俄羅斯聯合德國和法國，強勢要求日本放棄占領遼東半島。日本當時沒有與三國交戰的餘力，只得於五月五日接受其干涉，之後更以「臥薪嘗膽」為信念，點燃了對俄羅斯的敵意。

至於在日清戰爭中立下功績的伊藤博文，於同年八月獲頒僅次於最高地位的大勳位菊花大紋章，成為侯爵。相反地，李鴻章則被罵作是賣國賊，在日清議和後被迫擔任閒職。一九〇〇年，他又被指派平定義和團事件，勞心勞力之下，於翌年以七十八歲的高齡去世。

另外，伊藤博文之後仍與春帆樓保持密切的關係。根據前述梅崎大夢所著的《雜錄　春帆樓》可知，一八九九年（明治三十二年）到一九〇九年伊藤博文於滿洲去世為止的十年間，他總共造訪下關十六次，尤其是一九〇六年之後，十次中有九次都住在春帆樓——說到一九〇六年，即是日俄戰爭的《朴資茅斯條約》發表後隔年。

在日清戰爭中，日本打著大義的旗號作戰，要讓清國承認朝鮮是完全獨立的國家。然而十年後，當日本在日俄戰爭中取得勝利，卻公然推動將大韓帝國（一八九七至一九一〇年，朝鮮末期的國號）列入日本保護國的行動。雖然伊藤博文直到最後都對與俄羅斯交戰保持謹慎的態度，但在達成和談之後，他以遣韓大使的身分前往韓國，對簽訂日韓新協約施壓。一九〇六年二月，日本於漢城設置統監府，由伊藤博文擔任第一任韓國統監，他從那時開始多次往返日本與朝鮮半島，也因此數度來到下關。

在明治時代，應該沒有比伊藤博文更深度參與朝鮮問題的政治家了。擔任統監的伊藤博文著力推動韓國近代化，但不可否認，他的腦子裡存有「吞併韓國」的構想。一九〇九年，他遭到朝鮮人暗殺，成了為經營朝鮮而殉職的「英雄」。翌年，夏目漱石在連載於《東京朝日新聞》的小說《門》當中提及伊藤博文之死，借主角宗助之口說出：「伊藤先生在遭到殺害後成為歷史的偉人。不是每個人死後都能如此。」

一九〇九年，針對滿洲問題，日本與俄羅斯、美國的關係惡化。六月，伊藤博文將韓國統監一職交給曾禰荒助，對家人留下有如遺言一般的交代後，於十月十四日前往滿洲視察。他當時擔任的是相當於名譽職的樞密院議長，行動還算自由，而他當然不是為了遊歷而前往滿洲，甚至可以說他已做好心理準備——滿洲有可能是自己的「葬身之地」。

在伊藤博文擔任總理期間展開的日清戰爭，可說是「弱國」日本為了被視為生命線的朝鮮而戰，阻止列強入侵朝鮮半島，拚死保衛國家的安全。然而，日俄戰爭之後的日本，不僅對朝鮮出手，甚至將這隻手伸向滿洲。

有如預見日本未來將失控一般，伊藤博文對於日本慢慢將勢力伸向滿洲一事感到擔憂，努力地想要踩剎車。日本作為帝國主義列強的一員，一步步將「擴張」正當化，看來唯獨伊藤博文沒有失去正視現實的能力。

伊藤博文於十五日下午八點過後抵達下關，這天他同樣下榻春帆樓。翌日十六日，春帆樓為預計下午十二點半從下關出發的伊藤博文準備了他最喜歡的河豚鍋，當時沒有人能夠預料，與伊藤博文有著諸多淵源的下關河豚料理，竟然成為他在日本享用的「最後的午餐」。

當天，乘載伊藤博文一行人的鐵嶺丸號從玄界灘駛向朝鮮半島。十八日，伊藤抵達大連，向在滿洲的日本人發表演說，要大家警戒將滿洲視為殖民地的風潮，並高聲暢談他對「遠東和平」的期望。二十六日，他在哈爾濱車站遭到朝鮮獨立運動家安重根槍殺身亡，距離最後在春帆樓享用河豚料理不過十天的時間。

譯註

1 管轄交通、通信、電力等事務的部會長官。

2 類似於說書人的口述表演者。

第八章 攻陷旅順後的香檳浴——兒玉源太郎

《坂上之雲》所描繪的大英雄

談到日俄戰爭，想必許多人都會聯想到司馬遼太郎的長篇小說《坂上之雲》。讀過這部小說的人，除了對秋山好古和秋山真之兄弟的表現喝采之外，若要舉出另一位令人印象深刻的人物，必定是兒玉源太郎了吧。司馬遼太郎在小說中真實地刻劃了乃木希典身為軍人的無為與無謀，相較之下，兒玉源太郎的當機立斷和應變能力則受到高度肯定。

《坂上之雲》是融合創作與史實的歷史小說，第四卷的內容描寫旅順攻防戰，就連司馬遼太郎都在後記中寫道「這部作品到底是不是小說，實在令人懷疑」，精采的程度讓人忘了讀的其實是虛構的小說。《坂上之雲》雖將乃木希典描寫成無能將軍，但在此之前，其實對於許多日本人而言，他是將久攻不下的要塞旅順攻陷的「軍神」，是為日俄戰爭帶來勝利的英雄，這則乃木神話長久以來深植人心。

然而，《坂上之雲》聚焦於兒玉源太郎在戰爭中扮演的角色，可說改變了人們對旅順會戰的印象。人們開始思考，乃木希典其實相當無能，是靠著救世主兒玉源太郎才得以攻下旅順。

此後開始有人從不同於《坂上之雲》的角度，重新檢視旅順會戰。一九七〇年，福田恆存發表了〈乃木將軍究竟是軍神還是愚將〉一文擁護乃木希典，認為日本軍對於圍城戰欠缺研究，只能想出人肉敢死隊的強襲戰術等，這些不能完全歸咎於乃木希典一人。福田並指出，無論大本營、滿洲軍總司令部或是陸軍第三軍，都對攻打旅順的戰略拿不定主意，乃木希典不過剛好不幸被任命為進攻旅順的第三軍司令官。此外也有人認為，乃木希典採取的人肉衝鋒在當時是常見的要塞圍攻戰術，第一次世界大戰著名的凡爾登戰役也是承襲這種戰術。

無論如何，日俄戰爭結束之後，陸軍參謀本部在編纂戰史時，嚴禁記述任何不利於陸軍的事實，對於部隊或個人的失敗也要求加以潤飾。如此一來，事實遭到掩蓋，當然只剩下士兵英勇作戰的美談。探究歷史背後的真相是一件非常困難的事，以下將介紹《坂上之雲》所沒有描寫的兒玉源太郎的另一面。

打破常規又喜歡惡作劇的天才軍師

兒玉源太郎的身高據說只有五尺（約一百五十二公分），即使是在明治時代，也屬於身材矮小的男性。一八五二年（嘉永五年）出生於德山藩士家庭的他，由於父親和姊夫死於非命，幼年時期日子過得非常辛苦，是一位經歷戊辰戰爭、佐賀之亂、神風連之亂、西南戰爭等戰事的軍人。二十歲時，他破天荒晉升為陸軍上尉，士兵們給他取的外號是「栗鼠」。

兒玉源太郎的身材雖然矮小，但只要看過他的肖像照，都會被他不像日本人的俊美容貌所吸引。在他奉命前往歐洲視察陸軍制度時，據說曾有一名義大利的美麗歌姬暗戀他，這樣的緋聞想必也不是空穴來風。

市面上有許多兒玉源太郎的傳記，但在他死後，最先出版的是由森山守次和倉辻明義合著的《兒玉大將傳》（一九〇八年），接下來是杉山茂丸的《兒玉大將傳》（一九一八年），之後經過一段空窗期，未有相關著作出版。直到司馬遼太郎的《坂上之雲》引發話題，一九六〇年代之後，天才軍師兒玉源太郎才受到矚目。

杉山茂丸比兒玉源太郎小十二歲，兩人是大家公認的好友。事實上，一九〇八年出版的《兒玉大將傳》也是由杉山茂丸擔任企劃和監修，森山守次和倉辻明義則是負責編寫成冊。杉山是活躍於政商界幕後的奇人，又被稱作「怪丸」。基於這些淵源，共兩冊的《兒玉大將傳》當中自然有許多其他傳記所沒有的小故事，非常有趣。說個題外話，森山守次（號吐虹）於一九〇八年十一月創辦了可說是日本最初的週刊《SUNDAY》，杉山茂丸也參與發行，給予各式支援。

根據一九〇八年出版的《兒玉大將傳》，青年時期的兒玉源太郎是超乎常人的大胃王，據說同僚對他的評價是：「這個人除了渾身是膽之外，還全身都是胃。」

然而，兒玉趁著前往西洋的機會，下定決心改掉暴飲暴食的習慣，回國後就像換了一個人似地胃口變小，對喝酒也有所節制。

據杉山茂丸所說，兒玉源太郎年輕時非常喜歡惡作劇，就像個長不大的孩子，在花柳界也是出了名的花花公子，相當受到藝妓的歡迎。此外，正如許多傳記所寫的一樣，他也是一名優秀的軍人。當時陸軍從德國請來梅克爾（Klemens Wilhelm Jacob Meckel）擔任教官，兒玉曾向他學習調動兵團的戰術和諜報學。而梅克爾於一八八八年回國的時候，被問到誰是陸軍當中的將才，他給出了兒玉源太郎和小川又次（後成為陸軍上將）的名字。

兒玉源太郎不僅是軍人，更於一八九八年就任台灣總督，之後兼任陸軍大臣。一九〇三年，他在兼任內務大臣和文部大臣的同時，仍繼續台灣總督的職務。而上一任的台灣總督乃木希典不過一年半就申請休職，遭到解任。想必當時要治理台灣，得是像兒玉這般能夠掌握人心的人才行。乃木希典年長兒玉源太郎三歲，兩人皆是長州出身的軍人，不僅是親近的朋友，還有上述這種不可思議的緣分。

兒玉源太郎在一九〇三年十月辭去內務大臣的職務，就任參謀本部次長，這是日俄開戰前四個月的事。負責戰略的參謀本部次長田村怡與造突然去世，在國難當頭之際，周遭認為唯有兒玉源太郎能夠勝任，而他也不負所望接下了這個職位。這個職位比起大臣等於是降級，如果兒玉是一個執著於官銜或體面的人，想必不會接受，但對於與俄羅斯一戰有所期待的他來說，是完全不在乎地位的。

在新橋藝妓團的送別下出征

就任參謀本部次長的兒玉源太郎立刻將床搬進了參謀本部的作戰室，一個人埋首研究作戰計畫長達兩週。不過，據說他也有偷偷溜出去透氣的時候，會到花街柳巷玩樂幾個小時，再一副若無其事的樣子回到房裡。《阿鯉物語》中描寫了兒玉當時的樣子，而這本自傳的作者安藤照，就是從新橋的名妓成為總理大臣桂太郎愛妾的阿鯉。根據書中所述，當兒玉源太郎為對俄作戰絞盡腦汁的時候，就會找來藝妓轉換心情，席上總是可以看到阿鯉等紅牌藝妓，男性的常客則包括杉山茂丸、台灣民政長官後藤新平、東京日日新聞社的朝比奈知泉等，有「伊藤博文的金庫番[1]」之稱的伊東巳代治有時也會加入。

兒玉源太郎在這種場合毫不做作，往往展現詼諧、愛開玩笑的一面，也發生過許多有趣的事。雖然擁有稜角分明的臉龐、老鷹一般的高鼻、炯炯有神的眼光，外表與眾不同，但身材矮小的他不講究穿著，總是繫一條發灰的白色腰帶配上書生木屐，再戴上一頂鬆垮的鴨舌帽。根據阿鯉所說，「怎麼看都像是一個落魄的老壯士」。兒玉源太郎喜歡用這樣的打扮掩飾他的真實身分，讓對方嚇一跳。

此外，兒玉源太郎一定會把自己覺得好吃的東西分給下屬。據說一天晚上，他站在茅場町的小吃攤吃東西，那裡的食物非常合他胃口，於是他對經營關東煮的老夫妻說，希望他們明天送大約三百人份的關東煮到參謀本部。不知所措的老闆以沒有資金為由推辭，兒玉源太郎就立刻給他一大筆錢，讓老闆得以提供大量的關東煮給參謀本部的將校。

一九〇四年二月八日，日本的聯合艦隊攻擊停靠在旅順港的俄羅斯艦隊，為期一年半的日俄戰爭就此展開。伊藤博文隨即找來金子堅太郎，希望他能夠前往美國，拉攏美國總統並讓國際輿論站在日本這邊。金子堅太郎向兒玉源太郎詢問有多少把握，他回答會盡力達到六成勝算。當時日俄兩國的國力有明顯的差距，日本甚至無法完全確保軍事費用。兒玉源太郎盤算，在這種情況下唯有先發制人取得大勝，才能趁勢推進大軍，盡快和談。

開戰後，整個花柳產業都忙著為出征的軍人舉辦送別會，尤其是新橋，此地有一座火車站，因此每晚都有宴會。兒玉源太郎過去每每擔任宴會主人，現在終於輪到他被送別。根據《明治天皇紀》的紀錄，預計出征的滿洲軍總司令官大山巖、成為總參謀長的兒玉源太郎等十二人，受邀於六月二十九日在宮中與天皇和四十二名政府要人共進午餐。

在此前後，據說在新橋也舉辦了兒玉源太郎的送別會。宴會結束後，兒玉在紙上寫字或畫畫，交給每一個關照過他的藝妓。七月六日，阿鯉等新橋藝妓紛紛來到新橋車站，為出發前往滿洲的兒玉源太郎送別。車站滿滿都是穿著軍服的人們，高喊「萬歲」的聲音不絕於耳，這一群紅花身在其中想必非常顯眼。

乃木將軍率領的第三軍陷入苦戰

日俄戰爭當中，最常成為戲劇、小說和說書題材的就是旅順會戰。這是因為日本在此之前幾乎從未經歷過這般慘重的傷亡，光是一場旅順會戰，日軍就付出了約六萬人死傷的慘痛代價。

由於日本當初並未非常重視旅順，因此對於進攻要塞的研究與準備不足，再加上俄羅斯用二十萬個水泥桶補強堡壘，加強戒備，嚴格保密內部的構造，在這樣的情況下，日本的精銳部隊卻樂觀地相信可以輕易攻下旅順。如此的樂觀來自日清戰爭，當時日軍曾經在一天之內攻下旅順，而核心部隊正是由乃木少將率領的旅團。再度負責進攻旅順的乃木希典，在七月中旬接到大本營下達的「盡早攻克旅順」方針，計劃於八月底前攻下旅順。

然而，至旅順開城投降為止，實際上卻花費了大半年的時間。當時日方判斷砲擊已經破壞了要塞的機能，於是派步兵突襲，並用機關槍掃射。儘管日本兵勇猛前進，但卻受到俄軍的猛烈反擊，出現了大量的犧牲者。櫻井忠溫的《肉彈》是著名的戰爭文學作品，內容描述的就是旅順會戰，如同書中所述，「勇士的死屍將山堆得更高，戰士的碧血流向凹地成河。戰場成了墳墓，山谷變為焦土」，戰況相當慘烈。

由於大本營、滿洲軍總司令部、第三軍的想法都不一樣，旅順會戰逐漸淪為意氣之爭。基於海軍的請求，比起攻打要塞，大本營將重點放在殲滅旅順港內的俄羅斯艦隊，於是要求第三軍占領可以觀察港內情況且守備薄弱的二〇三高地，計劃從那裡用二十八公分的大口徑巨砲攻擊艦隊。另一方面，第三軍於九月五日接受第一師團參謀長的提議，首度攻擊二〇三高地。然而，由於當時尚未完全認知二〇三高地的重要性，因此在最初的攻擊失敗之後便中途喊停。

兒玉源太郎在發動攻擊前夕曾來到旅順，目的在於視察戰況，並確認二八〇毫米榴彈炮的效果。他於九月二十八日向滿洲軍總司令官大山巖提出的報告書中，承認了二〇三高地的重要性，也認為俄羅斯很快就會發現此處的價值並加強戒備，因此恐怕沒有那麼容易攻下。另外，他也注意到二八〇毫米榴彈炮的破壞力，計劃用這個大砲破壞要塞正面的堡壘，這樣的考量是基於命中率，因為若照原定計畫將大砲用來攻擊港內的俄羅斯艦隊，恐怕無法收到預期的效果。

也就是說，兒玉源太郎在這個時間點已經許可第三軍的作戰計畫，於十月六日返回總司令部。當時第二軍在遼陽受到庫羅帕特金（Aleksey Nikolayevich Kuropatkin）所率領的軍隊反擊，因此不僅是旅順，兒玉還必須考慮滿洲軍整體的戰略。十月下旬，日軍在旅順發動第二次總攻擊，但只是徒增傷亡，最後仍以失敗告終。

第三次總攻擊時，大本營強烈要求第三軍攻下二〇三高地，且對於第三軍指揮官乃木希典的不信任情緒升高，認為不能再重複同樣的戰法造成更多傷亡，否則將嚴重影響整個戰局。

而日本國民最關心的，也是「何時能攻下旅順」。官方雖然隱瞞了日軍受到的損傷和死傷人數，但流言不斷擴大，大本營收到許多「乃木將軍應該切腹」的激憤電報和獻策的書信，當中甚至還有人建議將辣椒射進敵營。

但最悲慘的還是士兵，前線甚至開始使用「鬼屋」這個詞。戰場上深入敵軍防禦設施的突擊隊大部分都遭到殲滅，逃出來的少數人雖然向上級報告，但內容零碎且不得要領，即使一再突擊，依舊無法得知敵人堡壘內部的情形。因此，所有人都說那裡簡直是鬼屋。

十一月二十六日起發動的第三次總攻擊，正面突擊依舊失敗，於是改由從各連隊挑選出的三千一百多人組成敢死隊，進行奇襲作戰——這支敢死隊就是著名的白襷隊。由於是夜襲，因此士兵掛上白襷布條以識別敵我，然而，這項作戰也宣告失敗，白襷隊幾乎無人生還，但其壯舉仍帶給俄羅斯軍極大的衝擊。

天亮之後，敵軍砲台下的斜坡上堆滿了日軍的屍體。為了收容這些屍體，日軍提出局部休戰的要求，俄羅斯的士兵也從堡壘出來幫忙搬運屍體。當時，一名俄羅斯將校拿了伏特加送給日本的將校，而後者也回贈從日本帶來的日本酒。在屍橫遍野的戰場上，敵我互相肯定對方的拚搏並以酒對飲，這可說是難得一見的光景。然而，戰爭仍如火如荼地進行著。

攻下二〇三高地為旅順會戰帶來勝利

翌日十一月二十七日，乃木希典改變作戰計畫，首次決定以進攻二〇三高地為主要任務。從那一天起，日本軍便竭盡全力攻擊這座不過兩百零三公尺高的山頭。

而兒玉源太郎是在兩天後的夜晚，從總司令部乘火車前往旅順。在收到波羅的海艦隊出動的消息後，海軍請求盡快擊敗旅順港內的俄羅斯艦隊，以便提前做準備。二〇三高地此時不僅牽制著旅順的命運，更決定了日本的未來。為了確實占領二〇三高地，兒玉源太郎親自前往戰場，甚至留下了遺書。

三十日晚間，兒玉在中途的車站接到來自大山巖的電報，內容是「第三軍成功占領二〇三高地」，至今為止完全無法闔眼且不發一語的他因此終於出聲，與田中國重參謀少校舉杯慶祝，天亮抵達大連後，還帶著愉悅的心情準備吃早餐。然而，這時卻傳來二〇三高地被俄羅斯軍奪回的消息，據說他聽了氣到摔盤子。

抵達旅順之後，兒玉源太郎立即前往被編入第三軍的第一和第七師團軍司令部所在的高崎山。他在途中看到墓地，便又勃然大怒。他指出，如果沒有戰爭經驗的增援兵經過這樣的地方，必會打擊他們的士氣，更說從這個例子就能看出第三軍的渙散。

由於沒有留下兒玉源太郎與乃木希典會談的相關紀錄，因此真相尚待釐清，但想必兒玉是站在代表總司令官大山巖的立場對乃木下令，負責指揮作戰。乃木希典在十二月一日的日記當中也僅寫道：「午餐後於曹家屯與兒玉源太郎會面。」最後又平淡地寫下：「得到保典於昨日戰死的消息。」乃木希典有兩個兒子，當時長子乃木勝典已經戰死，而次子保典則在前一天於二〇三高地陣亡。

兒玉源太郎接下來的行動非常迅速，以將不可能化為可能的驚人魄力鎮壓全場，所有人都服從他的命令。五日，日軍集中火力全面砲擊二〇三高地，突擊隊進攻之後，又不斷增派援軍，最後終於攻克。傍晚，由於俄軍已經撤回要塞，因此確定占領成功。二〇三高地的激戰造成死傷慘重，屍體堆到看不見山的表面，山的形狀甚至改變了。

翌日午後，兒玉源太郎下令以二八〇毫米榴彈炮攻擊旅順港內的俄羅斯軍艦，經過連日的砲擊，到了九日，俄羅斯艦隊幾乎全軍覆沒。最終，聯合艦隊解除對旅順港的封鎖，日軍得以專心準備迎擊波羅的海艦隊，進而在之後贏得日本海海戰（按：對馬海峽海戰）的勝利。事情解決後，兒玉源太郎於十日從旅順出發，十二日回到總司令部——他在此地的任務已經達成。

二〇三高地淪陷之後，位於旅順要塞的俄軍士氣低落，加上旅順港內的艦隊幾乎全滅，據說這與受到下屬信賴的康德拉琴科（Roman Kondratenko）少將戰死在二八〇毫米榴彈炮之下有很大的關聯。另一方面，日軍在攻下二〇三高地之後，順勢繼續猛攻，於十二月下旬占領三大堡壘。翌年元旦，俄羅斯軍的將校舉白旗走到前線，將斯特塞爾（Anatoly Stessel）將軍的書信交給日軍，表明願意開城。日軍終於攻克旅順。

二日，俄羅斯在投降文件上簽名後，日軍士兵喝酒、唱軍歌，歡慶勝利。而在第三軍司令部，將校們則喝啤酒、白蘭地、香檳、紅酒、日本酒等慶祝。乃木希典與斯特塞爾於一月五日在著名的水師營會面，日軍接著在一月十三日進到旅順。翌日，乃木在水師營附近的空地舉行祭祀戰病死者的儀式，接著在下午兩點舉辦慶功宴。宴會上準備了酒和餐盒，所有人一起高喊三聲萬歲，此外還有說書、舞劍、尺八演奏等餘興節目，乃木也多次被拋向空中慶祝，不知道他當時是什麼心情？此後，名將「NOGI（乃木）」的名號令俄羅斯軍聞風喪膽，但諷刺的是，他今後便必須一直以「軍神」的身分活下去。

慶功宴上的香檳浴

兒玉源太郎也收到了攻克旅順這個他等待已久的消息。根據前述共兩冊的《兒玉大將傳》所述，雖然確切日期不明，但滿洲軍總司令部舉辦了慶功宴，主要賓客是隨同第一軍的觀戰侍從武官和外國武官等，各軍司令官之下的幕僚也一同出席。「觀戰」聽起來好像是來看戲的，但實際上有許多歐美的軍人前來視察日俄戰爭的戰況。一九〇八年刊行的《兒玉大將傳》中，關於慶功宴的記述如下：

大將出征滿洲，除了在冷得特別難受的時候之外，他盡量不喝酒。但聽聞攻陷旅順的消息，舉辦慶功宴的時候，他再也忍不住喜悅，忘我地乾下好幾杯三鞭酒。最後還受到外國武官的「三鞭酒洗禮」，他當時大笑，說道：「這不是喝酒，是用酒洗澡。」

「三鞭酒」指的是香檳，而讓兒玉源太郎笑說「這不是喝酒，是用酒洗澡」、來自外國武官的「洗禮」，正是所謂的香檳浴。如今在一級方程式賽車的頒獎台上經常可以看到噴香檳慶祝的畫面，據說是起源於一九五〇年的美國職棒大聯盟。順道一提，日本職棒的優勝隊伍噴的則是啤酒，聽說是因為香檳太貴才會用啤酒取代，進而普及開來。

此外，說到「香檳的洗禮」，或許也會讓人聯想到舉行船艦的下水儀式時，在船頭敲碎香檳的慣例。據說這是十八世紀左右源自法國的習俗，不過這種情況並沒有慶祝勝利的意思。

至於日本人舉杯喝香檳的正式紀錄，是在一八五三年和翌年培理來航的時候。無論如何，香檳是從明治時代開始輸入日本，這麼高價的舶來酒不用來喝，而是用來洗，兒玉源太郎想必是第一個體驗的日本人。正因為對象是喜歡惡作劇的兒玉，外國武官應該覺得可以獲得他的諒解，才將香檳淋在情緒高昂的他身上吧。由於日本沒有這樣的習俗，如果換作是其他軍人可能會覺得被冒犯。

事實上，這段故事還有後續。根據一九一八年刊行、杉山茂丸所著的《兒玉大將傳》，慶功宴上的香檳是從俄軍手上搶奪而來的，將校們紛紛說道：「這個飲料太好喝了，比一般的香檳更容易入口，幾乎沒有酒精成分。」當時，管理部的川口上尉偷偷走到兒玉源太郎身邊，為自己的失策道歉。兒玉源太郎問道：「發生什麼事了？」川口便小聲地報告道：「我以為那是香檳，但其實是蘋果汁。」

兒玉聞言笑出了聲，但他原本就喜歡惡作劇，只覺得這個出乎意料的小插曲太有趣了。宴會後，他才告訴總司令部的幕僚，從俄軍手裡搶來的香檳其實是蘋果汁，並大笑道：「我也被騙了！」然而，他卻在不久後就腹痛且劇烈腹瀉，根據醫官的診斷，據說是腸道黏膜發炎。

對此兒玉源太郎也只能苦笑，並請幕僚確認參加慶功宴的賓客是否都健康無礙。他還特別交代「一定要堅稱宴會上喝的是香檳」，幕僚聽了雖然好奇卻也不敢多問，只好向各個外國武官確認他們的情形，結果所有人都精神奕奕，對這場戰地裡少見的隆重饗宴感到滿足。兒玉這下總算放了心，還大言不慚地說道：「以後不用給他們香檳了，這群人連蘋果汁跟汽水都搞不清楚。」這段軼聞雖然可能是杉山茂丸編造出來的，但想來也不是完全沒有根據。

即使攻克旅順，日俄戰爭也還沒有結束。在奉天會戰勝利之後的三月二十八日，兒玉源太郎帶著結束戰爭的想法回到日本。一朝開啟的戰爭勢必要在某個時間點作結，然而，只有兒玉源太郎和大山巖明確掌握滿洲軍的實情。三十一日，兒玉源太郎入宮參見，向天皇報告戰況，天皇還為他舉辦午宴，慰問他的辛勞。

八月二十九日，日俄雙方於朴資茅斯會議中議和，於九月五日簽署條約。十二月，凱旋歸國的兒玉源太郎受到熱烈歡迎，他卻不顧大眾對於「兒玉內閣」的期待，於次年一九〇六年一月回到台灣復任。他將攻陷旅順的功勞歸於乃木希典，說自己只是去激勵士氣而已。

同年七月二十三日那天，到了早上卻遲遲不見兒玉源太郎起身——原來他因腦溢血於睡夢中過世了。距離日俄戰爭結束不到一年就傳出這樣的噩耗，所有人都感到吃驚且不敢置信。兒玉源太郎當時才五十四歲，他的長子兒玉秀雄說道：「我想父親完全是因為日俄戰爭而倒下的。」人們陷入悲痛，五日後舉行葬禮，隊伍中可以看到不顧被雨淋濕、默默站在兒玉源太郎棺柩旁的乃木希典。

譯註

1 負責管理財務出納的人。

第九章

《食道樂》作者與俄羅斯俘虜的交流
——村井弦齋

飲食界人士齊聚的「美食殿堂」

從JR平塚車站下車，朝著海邊直走大約五、六分鐘後右轉，有一個「村井弦齋公園」。一九〇四年（明治三十七年）冬天，名為村井弦齋的作家購買了包含這個公園在內、占地共一萬六千四百坪的土地，與家人一起生活。

村井弦齋在這片廣大的土地上搭建房屋、菜園、果園、溫室、雞舍、兔舍、山羊舍等，過著近乎自給自足的生活。除了日本的蔬菜之外，他也栽種萵苣、芹菜、番茄、朝鮮薊等當時少見的西洋蔬菜，並從全國買來各地的名產，開發與研究不同的烹調方式。味之素的創辦人鈴木三郎助、森永製菓的創辦人森永太一郎、料亭「八百善」的店主栗山善四郎等飲食界的重量級人物都曾在此齊聚一堂，這裡就像是「美食的殿堂」一般熱鬧。

回顧明治時代的文學作品，以飲食為主題的小說當中，應該就數村井弦齋所寫的《食道樂》最具代表性。《食道樂》當中總共出現了六百多道料理，從一九〇三年一月開始至十二月為止的一年間在《報知新聞》連載，受到廣大迴響，陸續發行四冊，賣出以當時來說非常驚人的十萬本，成為暢銷著作（二〇〇五年由岩波文庫重新刊行）。

村井弦齋是明治中期新聞小說界的佼佼者。他在《都新聞》連載的《櫻之御所》曾經因為生病而連續兩天停刊，沒想到喝醉酒的藍領男性因此跑到報社，大聲威脅道：「明天再不刊登小說，我就要把這裡給砸了！」人氣可見一斑。此外，村井弦齋連續六年於《報知新聞》連載的《日之出島》，則是他於明治時代寫過最長的小說。

而後，自一九〇三年開始連載的《食道樂》大受歡迎，掀起「食道樂熱潮」。但身為暢銷作家的他，在日俄戰爭期間的一九〇四年至一九〇五年這兩年並未為報社撰寫新聞小說——那麼這段時間他做了什麼呢？

雖然一般讀者沒有機會閱讀，但其實他在這段期間寫了一部很特別的小說，這部分容我之後再詳加介紹。此外他同時以《報知新聞》總編輯的身分帶頭指揮報社。當時，在《食道樂》的推波助瀾下，《報知新聞》的發行量急增，成為關東地區數一數二的大報。村井弦齋透過報紙發表主張，認為不應該敵視俘虜，而該站在人道的立場給他們最溫暖的歡迎。日俄戰爭結束後，他也實際邀請俄羅斯的俘虜到他位於平塚的家，加深雙方友誼。當時鮮少聽說有知名人士與俘虜交流，因此這可說是非常罕見的事。

厚待俘虜作為對外宣傳

一八九五年日清戰爭結束後，日本面臨三國干涉還遼的冷酷現實，其背景是源自「黃禍論」，這是日清戰爭時於歐美散播的歧視思想，主張「黃種人的興起將禍害白種人」。這樣的言論讓日本人極為反感，況且，對屬於黃種人國家的日本而言，如果歐美的白種人國家聯手並拉攏俄羅斯，日本在與俄羅斯的戰爭中將毫無勝算。

為此，日本政府在開戰後不久的一九〇四年二月，派遣英文流利的末松謙澄前往歐洲，並派金子堅太郎前往美國。目的就是藉由主張日俄戰爭是出於自衛，進而打破黃禍論，讓大國同情與俄羅斯交戰的日本。末松謙澄和金子堅太郎投書報章雜誌，並出席演說會和懇談會等等，在一定程度上成功營造出外國對日本的好感。

另一方面，也有許多民間人士在政府委託或出於自發的情況下，進行對外宣傳。舉凡朝河貫一、新渡戶稻造、岡倉天心等，他們都透過著作促進外國人對日本的理解，同時藉由海外的演說活動宣揚日本的正義。然而，至今為止卻很少人知道村井弦齋自掏腰包對外做了哪些宣傳。

村井弦齋在一八六三年（文久三年）出生於三河國豐橋，全家人在維新後上京，早從九歲就開始學習俄語。他的父親拜託在御茶水布教的俄羅斯正教會修道祭司聖尼古拉教他俄語，並告誡他日本將來必會受到俄羅斯威脅，因此必須及早了解這個對手。

進入東京外國語學校（現在的東京外國語大學）俄語科就讀的村井弦齋，曾獲得第一名的優秀成績，雖然後來因為健康問題而中輟，但在美國待了一年之後，文才受到矢野龍溪的肯定，因而進入報知社，開始為《報知新聞》撰寫小說。《匿名投書》（一八九〇年）和前述的《日之出島》（一八九六～一九〇一年）皆是以日俄戰爭為主題的近未來科幻小說。當時大部分的日本人連作夢都不敢想像日本會與世界大國俄羅斯交戰，但村井弦齋卻已經預測，日本與俄羅斯之間將在不久的未來掀起戰火。

村井弦齋繼承政治小說《經國美談》作者矢野龍溪的流派，撰寫以啟蒙讀者為目的的小說。儘管《食道樂》因為擅長烹飪的女主角在故事中做了許多好菜，而被稱作美食小說或美食家小說，但村井弦齋真正的目標在於改善日本人的飲食生活，讓歐美先進的營養學和衛生學知識更為普及。

《食道樂》結束連載後的一個多月，日俄戰爭爆發，各國的報章雜誌為了報導戰況，陸續派遣經過特別挑選的菁英記者前往日本。有些記者獲得隨軍許可，有些則是留在日本國內撰寫報導。除此之外，各機關也都派遣外國人前來日本視察。

日本國內最能實際感受戰爭的地方，就是俘虜收容所和收容傷兵的醫院，政府也藉由厚待俘虜，宣傳日本是一個人道的文明國家。一八八六年，日本加盟《日內瓦公約》（紅十字公約）；一八九九年，簽訂《海牙公約》，前者是國際紅十字會以改善傷病者的待遇為目的所制定的公約，後者則是約定如何對待俘虜的公約。開戰後日本又於一九〇四年二月十四日通過《俘虜管理規則》，陸續以國內法的形式將管理俘虜的細則法制化。

二月十四日通過的《俘虜管理規則》第一章第二條規定「應以仁愛之心管理俘虜，絕不可加以侮辱或虐待」，第三條則規定「應根據俘虜之身分階級，給予相對應之待遇」。此外又規定俘虜將校有散步的自由，不得監視，並獎勵俘虜學習與運動，還有關於購買物品、參加葬禮、郵件、自炊等多項規定，姑且不論對俘虜的照顧程度，至少從中可以看出日本十分在意國際輿論。

對此，村井弦齋不僅同意政府的作法，更以《報知新聞》總編輯的身分，向讀者闡述必須制定制度，保護戰死者遺族，並在文章中反覆提及正義與人道。舉例來說，他曾經於一九〇四年三月二十四日在《報知新聞》發表社論，談論敵軍俘虜，這是日本於愛媛縣松山開設第一間俘虜收容所不久之後的事。由於篇幅很長，以下摘引當中的一部分：

戰爭是軍隊與軍隊之爭，武裝的士兵交手決定勝敗，而沒有武裝的人民與人民之間，不可忘記彼此既是善鄰也是朋友，同是地球上的人類，吉凶禍福都要相互慰問慶弔，對人表示同情。更不用說成為俘虜來到敵國的人，必須憐憫他們的心情。我國國民應講求以厚待我國軍士之心力，慰藉敵軍俘虜之道。

我翻閱了這個時期各大報的社論，沒有其他報紙像這般重視敵軍俘虜的問題。此外，村井弦齋也認為必須讓外國人正確地理解日本與俄羅斯交戰的理由，以及日本獨特的思想和文化。當時他抱著對外宣傳的明確目的，執筆寫下英文小說《花——日本之女》（*HANA, a Daughter of Japan*），而小說中的主要人物之一，就是俄羅斯的俘虜。

收容所提供的洋食菜單

日本自開國以來接待了許多來自外國的賓客，逐漸駕輕就熟。然而，這次是將敵軍的俘虜當作「客人」接待，許多人為此感到困惑，何況既不知道俘虜的人數，也不清楚必須收容幾個月。日俄戰爭中，日本帶回的俘虜多達七萬九千三百六十七人，扣除釋放、死亡、逃亡的人數，最終還有七萬一千九百四十七人（一九〇五年十一月十日時）。另一方面，遭俄羅斯俘虜的日本兵約兩千人，差距甚遠。

一九〇四年時日本的俄羅斯俘虜僅約數千人，後來加上一九〇五年一月旅順開城後約四萬四千人、二至三月奉天會戰後約兩萬人、五月日本海海戰後約六千人，一口氣增加了這麼多俘虜，實在無法負荷。光從數字就能想像，日本對於如何安排俘虜傷透腦筋。收容所的建築由各地的陸軍兵舍、寺院、學校、博物館、民房改建，雖然難免出現狀況，但終究順利將超過七萬名的俘虜安置於二十九間收容所內，可說是一項奇蹟。

據說許多成為俘虜的俄羅斯士兵都想像在語言和生活習慣不同的日本生活必定非常悲慘，因此感到惶恐，然而，在看到端出來的餐點是麵包、肉和湯品時，不禁都放下心來。對來自不同文化圈的人而言，食衣住行當中，最關心的當然還是「食」。當身心都因戰敗而受挫，又被送到敵國，不知道將來會如何的時候，如果在收容所裡看到溫暖冒煙的熱湯，的確任誰都會鬆一口氣。

反之，讓俘虜不滿的最大原因通常都是「糟糕的伙食」。因此，日本在俘虜的伙食上應是下了相當大的工夫。才神時雄在著作《松山收容所》中，介紹了松山俘虜收容所的菜單如下（部分省略），即便現在看來也是非常豐富的西式餐點。

將校　早餐　麵包（附奶油）、紅茶（附牛奶、砂糖）
　　　午餐　麵包（附奶油）、湯（附蛋）、咖哩飯、紅茶
　　　晚餐　麵包（附奶油）、蔬菜湯、炸牛舌、紅茶

下士官　早餐　麵包、紅茶（附砂糖）
　　　午餐　麵包、炸沙丁魚（附紅蘿蔔、蕪菁）、紅茶
　　　晚餐　麵包、馬鈴薯泥、西貢米、白蘿蔔、紅茶

松山收容所的俘虜幾乎每天都會前往道後溫泉泡湯療養，據說只要支付少許的費用就可以買到餅乾、橘子、柿子、栗子羊羹，甚至啤酒或紅酒。二十九間收容所當中以松山收容所最有名，但其收容人數不過兩千多人，遠不及濱寺（約兩萬兩千人）或習志野（約一萬五千人）等收容所，既然如此，松山收容所何以這麼出名呢？除了這裡是最初開設的收容所之外，另一個理由，就是將校級的俘虜人數眾

多。因此許多外國記者都前來松山採訪，將他們眼中日本厚待俘虜的樣子寫成報導或書籍。

松山收容所的俘虜在道後溫泉泡湯療養、喝啤酒和紅酒，甚至有人找藝妓尋歡，聽到這裡，想必許多人都覺得吃驚，懷疑這些人真的是俘虜嗎？根據宮脇昇所著的《俄羅斯俘虜走過的松山》敘述，有將校級的俘虜吃膩了官方準備的餐點，甚至自費蓋廚房、僱用廚師、購買喜歡的食材。

然而，也只有將校級俘虜才能享受這樣的自由。事實上，俄羅斯當時會透過法國領事支付俘虜薪水，士官、少校候補月領三十日圓，校官則是五十日圓，甚至超過日本同級軍人的薪水。相對於此，下士官階的俘虜月薪為一至三日圓不等，差距非常大。讓將校級俘虜用獲得的薪水在松山收容所過著舒適的生活，並讓各國記者視察收容所的生活情況，藉此獲得良好的對外宣傳效果，對日本政府而言，也可說是樂見其成。

松山收容所的伙食與其他收容所差不多，而《北國新聞》則曾介紹金澤的收容所一週的菜單，下面以星期三的午餐、點心、晚餐為例（將校級俘虜的菜單）。

午餐　蔬菜湯（牛骨高湯、蕪菁、紅蘿蔔、蔥）、蝦肉可樂餅（蝦、馬鈴薯、麵粉、蛋）、甜點（卡斯特拉蛋糕）、水果（夏蜜柑）

點心　麥茶、水果、餅乾

晚餐　烤牛肉（牛肉、馬鈴薯）、燉豬肉（豬肉、洋蔥、馬鈴薯）、水果

據說每餐還會附上半斤的白麵包、奶油和紅茶，其他天的晚餐則提供牛排、燉牛肉、水煮牛肉、燉牛舌等。明治三十年代，在金澤想必只有極少部分的日本人吃過這樣的西餐，多數的庶民都吃不到牛肉和麵包，在此情況下提供給俘虜的餐點竟不是米飯、魚、味噌湯，而是肉、麵包、湯品，這項事實真是令人吃驚。

預見未來糧食問題的小說

日本各地都流傳著俄羅斯俘虜愛上日本女孩、希望與她們結婚的故事。尤其是親切看護的白衣天使，往往讓許多俘虜動心，村井弦齋筆下的《花——日本之女》也是這樣的題材。

然而，日本近代文學的相關文獻中卻完全沒有提及《花》。這是因為《花》原本就是村井弦齋針對外國而寫的小說，市面上只有英語版（譯者是川井運吉），於日俄戰爭之際的一九〇四年十月發行。這本包上書衣並以多色印刷木版畫裝飾的和裝本，在日本是罕見的「逸品」，在海外的舊書店可以賣到兩萬至六萬日圓不等，我手上的兩本皆購自美國的舊書店。

為吸引外國人的目光，村井弦齋不計成本將這本書打造得有如異國的藝術品一般。而當初印製一千五百本的收據保留了下來，金額為三千兩百八十日圓，可以證明《花》是村井弦齋自費出版的小說，費用換算成現在的幣值大約是一千六百萬日圓——村井弦齋為了這本書，投入了他從《食道樂》獲得的大筆收益。

《花》的故事有如與現實同步，從日俄戰爭爆發前夕開始，超過了現實發展的進度，一直描寫到戰後。情節描述滯留在日本的俄羅斯人丹斯基單戀著女主角花子，但花子愛慕的是美國人康納。回到俄羅斯的丹斯基在開戰後與日軍交戰，成了俘虜，而參加俘虜慰問活動的花子則在偶然的情況下與他重逢。丹斯基蠻橫地向花子求婚，康納救了為此苦惱的花子。後來花子以紅十字會護士的身分在戰地工作，直到戰爭結束為止，最後與康納結為連理。故事中的三個人物，看來就是當時日本人所期望的日美俄關係，題材非常新穎。

書中穿插了花子的哥哥上戰場的橋段，他還感嘆道：「戰爭真是殘忍。」另外也描繪了日本的水雷命中俄羅斯軍艦時，全體士兵大聲喝采，卻被上官斥責道：「不准興高采烈！有人因此死了。」而且小說只寫道「戰爭結束了」，並未提及勝負。

更有趣的是，小說中設定女主角花子的父親是一名「食醫」，也就是利用食物療法治療疾病的醫生。幫忙父親的花子會做飯給康納吃，當被問到日本料理的相關問題時，亦會從食材到烹調方式，仔細說明一遍。也就是說，在某種程度上，《花》可說是《食道樂》的「國際版」。康納曾說，如果人類今後繼續吃牛肉，那麼為了飼養牛，就必須確保廣大的牧地，同時，世界的人口不斷增加，假使牧地不足，可能導致無法供給充足的食用肉。然而卻不用擔心廣大的海洋會消失，日本人自古以來就會想辦法享用來自海裡的各種海鮮。他又說，如果把魚和海藻類的料理方式介紹給偏愛肉類的歐美人，想必會大受歡迎。

近年來，BSE（牛腦海綿狀病變、狂牛病）已經成為全球性的問題，據說是在飼料中混入廉價的肉骨粉取代牧草所致，而村井弦齋早已預見這樣的糧食問題。《花》的最後，與康納結婚的花子在前往美國之後，全力推廣父親開發的烹調方式，與康納一同成為日美之間的橋梁。百年後的現在，聽說美國正盛行低卡路里的日本料理和壽司，不禁讓人感佩村井的先見之明。

村井弦齋將《花》寄給全世界重要的報社和雜誌社，現在能確認的是約有二十間以上的報章雜誌刊登過《花》的書評，就連當時最具權威性的《泰晤士報文學副刊》（*The Times Literary Supplement*）也刊登了。二十世紀初，說到世界對日本的印象，不外乎「富士山」和「藝妓」，歌劇《蝴蝶夫人》也在歐美大受歡迎。然而透過《花》的書評，成功地讓外國對日本留下不同的印象，這一點意義重大，從對外宣傳的角度來看，也達到一定的效果。

當時，由於村井弦齋的《食道樂》大為暢銷，文壇對他有諸多批評，甚至有人稱他是「很會賺錢的村井弦齋」。鈴木三重吉看到《泰晤士報文學副刊》刊登了村井小說的書評，嘲諷地說道：「至今為止都把一些怪異的作品當作是代表日本的文學，翻譯成外文。」然而，村井弦齋執筆這部小說的目的在於「讓外國知道日本人的精神」，絕非為了沽名釣譽。

日俄戰爭期間文藝雜誌所刊登的作品，大多帶有強烈的軍事色彩，藉以鼓舞愛國心，當中也有如田山花袋、半井桃水等實際從軍的作家。然而，正宗白鳥曾在《中央公論》（一九五七年七月號）以〈日俄戰爭時期的文壇〉為題，寫道「與謝野晶子的逃避戰爭詩作〈君勿死去〉另當別論，實在想不起來日俄戰爭時期，究竟產出了什麼樣的戰爭文學」，可見當時並沒有出現以日俄戰爭為主題的優秀文學作品。在這樣的情況之下，姑且不論文學評價如何，《花》受到世界一流的報章雜誌刊登書評報導，且讓外國人認識日本人的「心」，因此實在有必要重新認識這部作品。

在家中宴請俄羅斯俘虜

如前所述，二十九間俘虜收容所中，使用過去德川慶喜宅邸建成的靜岡收容所，是距離村井弦齋位於平塚的住家最近的。德川慶喜直到一九一三年（大正二年）去世為止，都隱居於靜岡。這裡收容的將校和下士官共三百一十九人，兩者人數比例差不多，與松山收容所同樣有許多將校級俘虜。

日俄談和後的一九〇五年十月，靜岡收容所的俘虜Ｌ・Ｎ・寇布拉諾夫上尉和Ｌ・Ｖ・卡普斯汀少尉住進了村井弦齋的家，據說是因為村井與靜岡收容所的翻譯官或律師相識，兩人才被允許外宿。

根據村井弦齋的妻子多嘉子所說，村井弦齋發揮他之前學習的俄語能力，熱情款待兩人，他們在村井家住了三天左右。這段期間，巡查一天只來一次，處置非常寬容。兩名俘虜被接到占地一萬六千四百坪的廣大宅邸，不知道有多麼自由自在。他們與村井弦齋在附近的馬入川享受釣香魚之樂，又品嘗多嘉子親手烹調的料理，大飽口福。事實上，村井多嘉子正是《食道樂》女主角的原型，她用來招待兩位俄羅斯人的拿手菜，想必也包括出現在《食道樂》的香魚料理。有趣的是，兩名俘虜非常喜歡歐芹，或許是收容所內缺乏新鮮蔬菜的關係，滿滿一盤的歐芹很快就被他們吃完。

有三封寇布拉諾夫和卡普斯汀在收容所寫給村井弦齋的書信留了下來，信中寫道料理非常美味，並感謝村井贈送的《花》和《食道樂》。當中還可以看到俄國文學家萊蒙托夫（Mikhail Lermontov）和托爾斯泰的名字，可見他們也進行了文學上的交流。當時，歐洲社會有與親近友人交換肖像照的習慣，因此信中也附上了寇布拉諾夫的相片。由於相紙出自日本的相館，推測是為了寄給村井弦齋而特地拍攝的。穿著西裝擺姿勢的寇布拉諾夫看起來比較像學者而不像軍人，據說他其實非常知性，對於能夠與村井這位日本人暢談母國文學感到非常高興，也改變了對日本的印象。

從美食家變成斷食研究家

下面再舉一個日俄戰爭期間有關村井弦齋的軼事。一九〇五年二月，他為了紀念《報知新聞》發行達到一萬號而租下歌舞伎座，進行為期二十五天的表演。劇目之一是《食道樂》，飾演女主角的尾上梅幸（第六代）在舞台上製作泡芙，送給坐在一等和二等席的觀眾享用，引起很大的話題。這不僅是為了演出宣傳，據說同時是為了推廣使用瓦斯烹調的便利性，才特地在舞台下方加裝瓦斯管。無論如何，在舞台上製作泡芙的新奇創意，在歌舞伎座的歷史上可說是空前絕後。

然而，村井弦齋與報知社的經營者三木善八之間的關係卻從這個時候開始惡化，甚至出現「《報知新聞》簡直就是『食道樂報紙』」等批判村井的聲浪。一九〇六年，村井辭去報知社的工作，成為實業之日本社發行的月刊《婦人世界》的編輯顧問，而後作為《婦人世界》的評論家持續執筆二十年，期間僅破例連載過兩篇小說，可說在人氣正旺的時候，毅然決然地放下了寫小說的筆。

不僅如此，村井弦齋身為頗負盛名的美食家，竟埋首研究斷食，實施三十五天的長時間斷食，並在《婦人世界》連載他的斷食報告。他也曾嘗試在青梅市的御岳山中，過著長達半年的穴居生活，逐漸被外界視為一位奇人。為了徹底研究「飲食與身體」，甚至忘了自己過去曾經是暢銷作家的村井，最後於一九二七年（昭和二年）與世長辭。

然而，日本在二〇〇五年六月制定《食育基本法》時，這位「被遺忘的作家」突然浮上檯面。這是因為他在這本寫於一百多年前的《食道樂》中，早已提出「食育論」的概念。「食育」是根據史賓賽（Herbert Spencer）在教育論中提出的「智育、德育、體育」所創造的詞彙，某種意義上，村井弦齋可說是「遠遠超前時代的先驅」。

第十章 嘉德勳章與宮中晚宴——明治天皇（二）

被喻為釣到「金龜婿」的日英同盟

幕末動亂時期，十四歲登基的天皇睦仁伴隨著近代日本的腳步前進，克服內亂危機，在日清和日俄兩人國際戰爭中取得勝利。二十世紀初，日本甚至被認可為世界強國之一，可說是令人不敢置信的大躍進。

十九世紀的歐洲盛行由王室負責的宮廷外交，明治政府同樣期待天皇能夠扮演好「皇室外交」的角色，因為天皇正是日本邁向「脫亞入歐」的象徵，也是最閃亮的明星。當時，外交場合不可或缺的盛宴所提供的都是法國料理，儼然成為世界的共通語言之一，而日本也從善如流，在宮中晚宴提供法國料理，而非日本料理。

為此，天皇必須身著穿不慣的西服，吃著吃不慣的法國料理，以主人的身分與來自外國的使節和賓客握手、致歡迎詞，款待外賓。起初動作雖然看起來有些彆扭，但隨著次數增加而愈顯自然，西服也愈穿愈合適。然而，在公務場合之外，天皇吃的依舊是日本料理。

當時，不平等條約是明治政府成立後最大的懸案，不過，日本繼一八八九年（明治二十二年）與美國簽訂修正條約之後，又陸續成功與歐洲主要國家簽訂，最後只剩大國中的大國——英國懸而未決。後來經過長時間的交涉，終於在一八九四年（明治二十七年）由出任第二次伊藤內閣外務大臣的陸奧宗光與英國簽訂修正條約，並於五年後的一八九九年生效。

自從在一八九四年開戰的日清戰爭中獲得壓倒性勝利之後，世界列強開始注意到日本。戰後十年，日本與大國俄羅斯又掀起戰端，起因於日清戰爭後的三國干涉，迫使日本不得不歸還遼東半島，加上一九〇〇年的北清事變（按：即庚子之變）後日本被迫從滿洲撤軍，與俄羅斯的關係持續緊張，日俄戰爭可說是箭在弦上。

話雖如此，在歐美看來，當時的日本不過是遠東的一個小小島國，爆發日俄戰爭時，沒有人懷疑俄羅斯是居於優勢地位。然而，以印度為殖民地的英國期待日本能夠成為牽制俄羅斯進入亞洲的勢力，遂與日本締結同盟。

一九〇二年，日英結盟，日本民眾認為此舉是釣到了「金龜婿」，國內一片歡欣鼓舞。說來也無可厚非，畢竟當時的英國是統治世界約四分之一陸地的泱泱大國，而日本不過是剛解除鎖國不到五十年的小國。

歡迎外國王族的天皇盛宴

日本皇室與英國王室之間很早就開始互相訪問，進行親善外交。一八九〇年（明治二十三年）四月，維多利亞女王的三王子康諾特公爵阿瑟親王（The Prince Arthur, Duke of Connaught）與夫人一同來到日本。由於是在環遊世界時順道訪問，因此康諾特公爵婉拒了正式的禮遇，但政府仍帶著他們一行人到各地遊覽，並舉辦盛大的歡迎會，公爵夫婦也與天皇和皇后會面，受邀參加宮中盛宴。

事實上，直到一行人來訪的前一年為止，天皇和皇后都暫時住在赤坂離宮。這是因為原為江戶城的皇居在一八七三年（明治六年）的火災中被燒毀了大半。等到十六年後的一八八九年新宮殿完工後，天皇才從赤坂離宮搬回去。而從這個時候開始，皇居便被稱作「宮城」，宮殿採取和洋折衷的裝潢，據說用品和家具都非常豪華。不過這座宮殿又在一九四五年（昭和二十年）的空襲中燒毀，「宮城」的稱呼也於一九四八年遭到廢止。

歡迎康諾特公爵夫婦的晚宴辦在一八九〇年五月七日，於新宮殿的大廳「千種之間」舉行。根據秋偲會編著的《天皇家的饗宴》，當日的菜單如左。菜色當然是正宗的法國料理，雖說不算正式饗宴，但從菜單可以看出餐點仍相當豪華。

皇家濃湯
肉丸清湯
香波爾風味魚類料理
鶴鶉鑲肉
主廚牛排
兔菲力佐日內瓦風味醬
維勒魯瓦風味羊肋排
鵝肝派
香檳雞尾酒
蘆筍、豌豆
嫩烤火雞、沙拉
雙層鍋聖誕布丁
冰淇淋拼盤

完整的全餐分量十足，包括湯品、魚類料理、主菜（數種肉類料理），接著是清味蕾的雞尾酒（洋酒加果汁和砂糖調製的飲料），光是這幾道菜就已經讓人十分飽足，接下來還有肉類蒸烤料理、沙拉，最後則是甜點。當時，料理是禮儀的一部分，也就是展示國家文化程度的指標，或可說是傳達給對方的訊息，因此在分量上也會準備得非常充足。

順道一提，現在即使是全餐，也多半會省略主菜或肉類蒸烤料理的其中一道，宮中晚宴的法國料理基本上是前菜、湯品、主菜、沙拉、甜點。從中可以看出，忙碌的現代人逐漸不喜歡花好幾個小時在用餐上，此外基於健康考量，也比較偏好輕食。

這場晚宴的隔天，天皇的代表造訪康諾特公爵滯留的駐日英國公使館，授予公爵大勳位菊花大綬章，又授予公爵夫人勳一等寶冠章，此舉乃效仿歐洲宮廷外交的禮儀。江戶時代的日本沒有所謂的勳章，這種授予國家功臣勳章的制度是明治新政府所創立的。

相比之下，勳章在歐洲的歷史悠久，十九世紀之後，被諸國王侯視為榮譽的象徵，其中讓人最希望獲頒的勳章就是英國的嘉德勳章。當時，明治天皇也曾作為嘉德勳章的候選人，站在競爭激烈的國際外交舞台上。

起源於「吊襪帶」的最高榮譽勳章

嘉德勳章是英國的最高榮譽勳章，被暱稱為「藍色綬帶」。根據君塚直隆所著的《女王陛下的藍色綬帶——嘉德勳章與英國外交》，英國利用這枚勳章在國際政治中進行外交戰略的布署與交涉。

顧名思義，嘉德（garter）勳章的由來和「吊襪帶（garter）」有關。十四世紀中葉，在英格蘭國王主辦的舞會上，某位伯爵夫人在與國王共舞的時候，吊襪帶不小心掉了下來，這在當時的社交界被認為是最無禮的事情。在眾人一片嘲笑聲中，國王撿起吊襪帶綁在自己的腿上，並說：「心懷邪念者蒙羞。看我把這個吊襪帶變成最高榮譽。」就這樣，伯爵夫人恢復了名譽，也成了嘉德勳章誕生的由來。

如今，嘉德勳章由五個部分構成，分別是黃金製的頸飾、頸飾前端的標章、佩星、綬帶、吊襪帶。男性戴在左小腿上，女性則戴在左臂上。

中世和近世的英格蘭不過是歐洲西邊的邊境國，嘉德勳章的地位也很低。然而，在與蘇格蘭聯合成為大不列顛、並於拿破崙戰爭取得勝利之後，英國終於被承認是歐洲的大國，在十九世紀前半躍升成為世界一流的國家。同時，過去從來沒有人注意的嘉德勳章，也成了各國君主夢寐以求的榮耀。只要獲得嘉德勳章，就等於是英國認證的友邦。

能否獲頒嘉德勳章也關係到對國際政治的影響力。維多利亞女王時代打破了「不授予非基督教徒君主」的原則，首度將勳章頒給在克里米亞戰爭中與俄羅斯交戰的土耳其皇帝。這是因為英國在這場戰爭中和土耳其站在同一陣線，與俄羅斯為敵。此後，異教君主也期望獲得嘉德勳章，不過考慮到歐洲諸國王侯對這枚勳章的期待，英國便於一八七三年授予波斯皇帝之後，回歸到只限基督教徒的原則。

一九〇二年日英同盟成立，當時是維多利亞女王的後繼者愛德華七世（Edward Ⅶ）在位時期。同年八月舉行新國王的加冕儀式，此時再度開始考慮授予外國王室嘉德勳章。英國政府的外相提議改變規定，趁此機會將嘉德勳章授予屬於異教徒的波斯皇帝和日本天皇，然而英國國王否決了這項提案，這讓波斯皇帝大感不滿。但對於英國而言，波斯是當時最重要的產油國，不能就這樣惹怒波斯皇帝，中間經過一番波折後，英國國王最終讓步，授予波斯皇帝嘉德勳章。

日本政府也盡力推動，希望英國能夠授予天皇嘉德勳章。一九〇三年，日本駐英公使林董向英國外相表示：「天皇已經獲得除了英國和奧地利之外，所有歐洲的最高榮譽勳章。」儘管透過這樣的方式暗示催促，但受到前年波斯皇帝一事的影響，天皇當時並沒有獲得授勳。

而日本在日俄戰爭中獲勝的時刻，可說是天皇的第二次機會。一九〇五年，日本攻克旅順，英國當時便開始商討是否「應該授予天皇嘉德勳章」，英國國王這次很快地做出決定，同年一月，日本政府便收到了好消息。

不情不願地接待外賓的天皇

原則上嘉德勳章的受勳人都必須前往英國，由國王親授勳章。但由於天皇不能輕易離開國門，因此英國派遣嘉德任務團前往日本。國王任命自己的侄子亞瑟王子（Prince Arthur of Connaught）擔任團長，他是十五年前曾經訪日的康諾特公爵的長子。此外，過去曾與駐日公使巴夏禮一同謁見天皇的外交官密福特也被任命為首席隨員，並詳細記錄了他第三次訪日的過程（《英國貴族眼中的明治日本》〔*The Garter Mission to Japan*〕，日文版由長岡祥三翻譯）。

嘉德任務團於日俄戰爭結束後翌年的一九〇六年一月從英國出發。在此之前英國王族雖已訪日多次，但亞瑟王子是第一位代表國王訪日的人，因此於二月十九日抵達的使節團受到熱烈的歡迎。當時五十三歲的天皇親自前往新橋車站的月台迎接二十三歲的亞瑟王子——天皇過去從未為了這樣的場合現身新橋，讓密福特感到非常驚訝，特別寫下了這件事。

翌日二十日，亞瑟王子一行人為奉上嘉德勳章而造訪宮城。大廳裡以日本皇族、侍從長、宮內大臣、元老、甫就任首相的西園寺公望為首，還有政府要人、陸海軍大將、宮內勅任官等人列席；英國方面則有英國大使、大使夫人、大使館員和他們的夫人出席。天皇身穿大元帥的正裝，立於玉座之前。

天皇與王子相互問候，接下來就是贈勳儀式。王子將嘉德勳章的吊襪帶戴在天皇的左小腿，左肩佩掛綬帶斜向右，佩星別在左胸，頸飾標章則掛在脖子上。使節團在贈勳儀式結束後離開，天皇則為答禮而前往王子的下榻處，授予大勳位菊花大綬章。這是象徵日本最高榮譽的勳章，在此之前僅授予二十餘人。

當晚，宮中舉辦了盛大的晚宴。根據密福特的記述，晚餐非常出色，而且沒有耗費過長的時間。比起一八九〇年接待康諾特公爵的時候，想必減少了料理的道數。甜點上桌後，天皇起身為英國國王舉杯。密福特寫下，這應該是天皇第一次帶頭舉杯，值得特別記錄。

閱讀密福特的紀錄，會以為天皇因為獲頒夢寐以求的勳章而感到非常高興。然而，無論是《明治天皇紀》，或曾任侍從的日野西資博所著的《明治天皇的日常》，都記錄了完全相反的內容。

根據《明治天皇紀》的記述，當天皇得知確定獲頒嘉德勳章的時候，找來宮內大臣田中光顯，表示厭倦了迎接英國使節，下令回絕此事。田中光顯聞言大為震驚，懇請天皇打消念頭，表示亞瑟王子已從英國出發，若回絕將會失去國際上的盟邦，因此只能接受，萬萬不可拒絕。

其實天皇很不喜歡接待外賓，不僅是這個時候，其他時候據說也經常露出不悅的神情。然而，一旦到了接待的場合，他絕不會讓賓客看到這樣的表情。讓密福特感動的新橋車站出巡，其實也是首相西園寺公望多次上奏，希望天皇能夠在橫濱港迎接王子的船，天皇才不情願地答應前往新橋。

此外還有另一個不為人知的軼事。亞瑟王子在將嘉德勳章佩戴於天皇的左小腿時，由於過於緊張，不小心被針刺傷了自己的手指，勳章也因此染上血漬，但天皇卻表現出若無其事的樣子。之後天皇將此事告訴樞密顧問官末松謙澄等人，並稱讚王子冷靜沉著的態度，還讓他們看勳章上的血漬。根據日野西資博的著作，天皇在贈勳儀式結束後拿下勳章大笑，看起來像是在說：「什麼嘛，也不過如此。」或許明治天皇根本不在乎勳章。

西園寺公望的日本料理與藝妓宴席

雖然無從得知嘉德勳章贈勳儀式當天宮中晚宴的菜單，但當時的《月刊食道樂》曾介紹了由首相西園寺公望主辦、招待亞瑟王子的宴會菜單。宴會於麴町區有樂町的三井集會所舉辦，準備了傳統的本膳料理，負責烹調的是位於日本橋濱町的「花屋敷常磐屋」。據說為了配合英國王子的口味，省去了生魚片料理，魚類和蔬菜也進行了部分調整。

第一膳

〔涼拌海鮮〕鯉魚、鯨魚頭軟骨、石耳、薑絲
〔小碗〕煎酒
〔湯品〕牡蠣、海帶芽
〔醬菜〕細根白蘿蔔、奈良漬瓜、味噌茄子

〔平碗〕鴨真薯[1]、辣味白蘿蔔、山椒嫩芽、白飯、酒壺台

第二膳

〔涼菜〕斑節蝦、烤海膽、香茸

〔湯品〕鱉、水薑

〔平碗〕白肉魚蘿蔔卷、雙色蛋

〔碗〕牛角蛤、醋拌黑慈姑、防風草

第三膳

〔小菜〕紅白魚板、卡斯特拉煎蛋卷、蕨芽針魚、醬烤雉鴨串、雕花山藥、細絲栗泥團、水晶昆布

〔缽〕鹽烤鱒魚、金黃沙鮻、青海苔土當歸、醋漬薑

〔代缽〕辣拌烏賊乾花椰菜

第四膳

〔茶碗蒸〕鰻魚、銀杏

〔台重物〕竹筍、山椒嫩芽

〔中皿〕烤鵪鶉、鹽煮百合
〔壽壽目肴〕船型龍蝦拼盤、比目魚昆布漬、燉煮帶莢碗豆
第五膳
〔燒烤料理〕鹽烤鯛魚
〔甜點〕蒸點心、水果
〔伴手禮〕雙層甜點盒（上層是乾的，下層則是蒸的）

盛裝料理的食器特別應用高蒔繪的漆器技法，以金粉繪上英國皇家徽章和亞瑟王子名字的縮寫「A」。關於這場晚宴，密福特形容是「具日本風味的出色饗宴」，可惜的是當中未提及關於餐點味道的感想，他只寫下：「負責上菜的人是經過挑選的東京當紅藝妓。」

在這句話之前，密福特還寫下許多讚賞的語句，諸如「可愛的藝妓」等等。根據他的記述，當中有一位會說一點英語的新橋藝妓，名叫秋子，會積極地與英國人

交談，非常受到歡迎。

關於日本舉辦宴會時必邀的「藝妓」，密福特給予高度肯定，他如此描述：「她們的態度沉著，舉止天真、優雅，同時充滿機智，能夠隨機應變，對答如流，這些特質與她們專業熟練的舞蹈和歌唱同樣令人讚賞。」

而主辦這場宴席的人是曾經旅居法國十年、熟悉高雅西洋文化的西園寺公望，這一點也令人玩味。他不選擇法國料理，特意以日本料理接待王子一行人，展現出了西園寺流的美學。

只是不知道二十三歲的亞瑟王子究竟比較喜歡宮中晚宴的法國料理，還是有藝妓作陪的日本料理宴會？

譯註

1 在魚漿或肉泥中加入山藥、蛋白等製成的丸子，常作為湯料使用。

第十一章

「風雅宰相」是位稀世美食家——西園寺公望

首相招待文人的聚會——「雨聲會」

包括伊藤博文在內，說到明治時代的政治家，都會給人一種從下級武士「躍龍門」的感覺。不過在這些政治家當中，公卿西園寺公望可說是異類。

自伊藤博文就任第一任總理大臣、籌組內閣以來，由長州和薩摩藩閥代表所進行的政權輪替成為一種常態，讓國民開始對藩閥政治感到厭煩。在這種情況下，與薩長沒有瓜葛的西園寺公望內閣便受到廣大國民的歡迎。此外，出生於一八四九年

（嘉永二年）、死於一九四〇年（昭和十五年），享壽九十一歲的西園寺公望，更是唯一曾經侍奉孝明、明治、大正、昭和四任天皇的政治家。

自日俄戰爭結束翌年的一九〇六年起，西園寺公望二度組閣，與桂太郎輪流擔任首相。期間除了政治方面之外，他邀請文人所舉辦的盛大聚會也備受世人矚目。這個後來被稱作「雨聲會」的聚會，包括文人反過來招待首相的聚會在內（一次），共舉辦了七次。

第一次文人招待會辦在一九〇七年六月十七、十八、十九日，在西園寺公望位於駿河台的自家宅邸舉行，為期三天。當時有二十位具代表性的文人收到邀請函，包括小杉天外、小栗風葉、塚原澀柿園、坪內逍遙、森鷗外、幸田露伴、內田魯庵、廣津柳浪、巖谷小波、夏目漱石、大町桂月、後藤宙外、泉鏡花、柳川春葉、德田秋聲、島崎藤村、國木田獨步、田山花袋、川上眉山、二葉亭四迷。

關於雨聲會的起源眾說紛紜，根據木村毅所編的《西園寺公望自傳》，西園寺公望曾說：「（招待文人）舉辦雨聲會雖然遭受許多批評，但還是在國木田的推動下進行了。之後又經過竹越和橫井的努力。……希望藉此與當代小說家有進一步的交流。」他所提到的人分別是國木田獨步、竹越三叉和橫井時雄。

國木田獨步過去是《報知新聞》的政治記者，一八九九年起受到西園寺公望的賞識，在西園寺家當了一陣子的食客。雖然不知道他是在何時建議西園寺公望舉辦文人座談，不過雨聲會應該和始於一九〇二年、被稱作「龍土會」的文人聚會有所淵源，過去少有人注意到這點。

龍土會以自然主義作家為中心，是文人與畫家齊聚一堂、類似沙龍的文藝聚會，聚會地點則是位於麻布的法國餐廳「龍土軒」（登記的商標是土字加一點），因而得名。正宗白鳥曾說：「龍土會是我所知最有趣的文壇聚會。」

當時的參加者約十數人，多的時候有二十幾人，被稱作座談名人的國木田獨步是龍土會的核心人物。聚會結束之後，所有出席者會進行集體創作，這一點也和雨聲會相同。而且上述受邀參加雨聲會的二十人當中，國木田獨步、田山花袋、島崎藤村、廣津柳浪、小栗風葉、柳川春葉、德田秋聲等七位皆是龍土會的中心人物。

想必西園寺公望是從國木田獨步口中聽說了龍土會，因而產生興趣。然而，以首相之名邀請大半為自然主義作家的龍土會成員，似乎不太合宜，因此才請當時擔任《讀賣新聞》主筆的竹越三叉負責挑人選，竹越三叉再讓他的部下近松秋江（時名德田秋江）擬定候選名單，中途換過幾個人選，最終決定邀請上述的二十人。

坪內逍遙、二葉亭四迷、夏目漱石三人回絕邀請

西園寺公望發給文人的邀請函非常恭敬有禮，寫道：「雖然唐突，但希望請教有關我國小說的事宜，並準備粗茶淡飯招待。」然而，有三位文人斷然拒絕首相的邀請，那就是坪內逍遙、二葉亭四迷，以及夏目漱石。

坪內逍遙是當時人人推崇的文壇大老，他以忙碌和旅行為由婉拒，背後似乎也有最好敬而遠之的考量。二葉亭四迷則是本就與文壇保持距離，他甚至不喜歡被稱作文人，因此毫不遲疑地拒絕了邀約。

至於夏目漱石，他在獲邀一個月前發表加入《東京朝日新聞》的「入社之詞」，正準備開始在該報連載《虞美人草》。他雖然是文壇新秀，但《我是貓》一作大受好評，因此辭去了東京帝國大學講師一職，成為報社專屬文人一事也備受矚目。

事實上，《讀賣新聞》的竹越三叉比《東京朝日新聞》更早想延攬夏目漱石，卻以失敗告終，因此夏目漱石推辭了這個背後有《讀賣新聞》支持的文人招待會。志得意滿的《東京朝日新聞》還在六月十五日登出以下報導：

根據漱石氏對採訪記者的回應，他現下謝絕所有來客，專心執筆，細心灌溉小說《虞美人草》的根葉，此時正值準備開花之際，一刻不得閒，因此不得不向侯爵提出謝絕的書簡。深知陶庵侯[1]俳句的造詣匪淺，故以下面一句回覆。

廁中杜鵑鳴不得出[2]　　漱石

世人為果斷拒絕首相邀請的坪內逍遙、二葉亭四迷和夏目漱石三人喝采，而這三人直到最後都沒有參加雨聲會，每回皆缺席。

珍味佳餚、美酒與美妓的饗宴

第一次的文人招待會於六月十一日舉辦，為期三天，十七位文人分成三組，傍晚聚集在西園寺公望的宅邸。餐點是日本料理，座位則依照抵達的時間順序安排，現場還有從新橋找來的七、八位藝妓炒熱氣氛。

第一天共邀請八人，坪內逍遙、二葉亭四迷、夏目漱石三人缺席，廣津柳浪、川上眉山、小栗風葉、柳川春葉、田山花袋五人出席；第二天是森鷗外、小杉天外、後藤宙外、泉鏡花、巖谷小波、德田秋聲六人；第三天則是內田魯庵、島崎藤村、塚原澀柿園、國木田獨步、大町桂月、幸田露伴六人。

六月二十日的《國民新聞》刊登了第二天的宴客菜單。料理由日本橋的料亭「常磐屋」到府外燴，同時提供最高級的日本酒和香檳。

本膳

湯品　石鰈、燉炙燒芋莖

小菜　鯛魚昆布漬、海膽烤斑節蝦、水煮四季豆

生魚片　湯引鬼鮋、土當歸

小缽　鹽烤香魚、醋漬蓼

茶碗　鱉

中皿　南瓜什錦蒸

下酒菜　鹽蒸鮑魚、醬烤青辣椒

會席

涼菜　竹筴魚、山葵、甜醋

湯品　蓴菜、水芥子

碗物　豆腐蕎麥麵

煎烤料理　醬燒白丁魚

醬菜　白瓜、茄子

這不僅不是什麼「粗茶淡飯」，還是非常豪華的饗宴。享用珍味佳餚大飽口福，又喝著有美妓作陪的美酒，席間哪有不融洽的道理。隨著黃湯下肚，消弭了現場嚴肅的氣氛，喝醉的文人甚至表演起餘興節目。

第二天起，出席的文人開始進行集體創作，寫下的幾乎都是類似川柳[3]的文字。根據巖谷小波所說，西園寺公望寫下「等待終得見杜鵑」，呼應了夏目漱石在回函中所寫的「廁中杜鵑鳴不得出」。從中可以看出西園寺同時顧及缺席的夏目漱石和列席的賓客，並表達漱石未能出席的遺憾心情。

就這樣，為期三天的聚會順利結束，西園寺公望也得到「風雅宰相」的名號。之後，除了第二次是文人為了回禮而招待首相的聚會（同年十月十八日，於芝區的紅葉館），其餘幾次的雨聲會都是由西園寺公望自掏腰包招待文人。第三次之後的會場選在築地的「瓢屋」和日本橋的「常磐屋」，兩者皆是一流的料亭。

一九一一年十一月十九日的《東京朝日新聞》，報導了十七日於常磐屋舉辦的第六次雨聲會，內容如下：

▲美酒與佳餚……酒是香醇的櫻正宗，搭配鹽鴨的湯品、鵪鶉做的小菜，還有柚味噌拌涼菜，高檔的珍味佳餚沒有一絲馬虎，西園寺侯也從新橋找來熟識的藝妓阿信、桃子，還有清香、秀松、阿鯉、直次、紗世、老松、締子、桃千代、丸子、和子、升代，以及昭葉、榮龍兩位名花。

這是中國發生辛亥革命後一個月的事情，當時的亞洲正陷入一片混亂之中，因此《東京朝日新聞》在報導中寫道：「日本的總理大臣西園寺侯真是悠哉，前天晚上邀請部分小說家等文人雅士於濱町的常磐舉辦第六次雨聲會，就好像在展示歲月靜好，真是可喜可賀。」藉此表示批判。最終，一九一六年（大正五年）四月十八日第七次聚會結束之後，雨聲會便自然而然地銷聲匿跡了。

海外經驗遠超過歷代首相

人稱「風雅宰相」的西園寺公望究竟是一位什麼樣的人物呢？他是德大寺家的

次子，兩年後過繼到後繼無人的西園寺家，由於養父母早逝，他不到十歲就成為西園寺家的一家之主。

當時，公卿之中地位最高的是攝家，接下來是清華家，其下還有許多公卿家族。而德大寺家和西園寺家都屬於清華家，也就是說，西園寺公望堪稱名流中的名流。

他的親哥哥德大寺實則長期擔任明治天皇的侍從長，之後又兼任內大臣。西園寺公望本身也自少年時期起侍奉孝明天皇，負責陪伴小他三歲的皇太子，也就是後來的明治天皇。他的家世與皇室關係匪淺，無疑影響他之後身為政治家的作為。

對於這麼一個含著金湯匙出生的貴公子，很多人都會想像他必定缺乏野心。然而，在討論西園寺公望時，有一項不能忽視的事實，那就是與同時代的政治家相比，他擁有豐富的海外經驗。

首先，他於維新後的一八七一年（明治四年）起，留學法國約十年（一開始是官費，後來是自費）。一八八二年隨伊藤博文派赴歐洲，翌年回國。一八八五年，他又作為奧地利公使前往維也納上任，同樣在翌年回國。接下來於一八八七年被任命為德國公使（兼任比利時公使）而前往柏林，在四年後的一八九一年回國。一八九六年起，他又遊歷歐洲將近一年。一八九七年，在他即將四十八歲的時候，才終於在日本國內安頓下來——總計西園寺公望旅居海外的時間超過十七年。

明治時代的歷代首相當中，桂太郎曾赴德國六年，在海外的時間雖僅次於西園寺公望，但桂太郎的經驗僅限於陸軍這個特殊的世界，而西園寺公望在海外十七年數個月所帶給他的國際經驗，對其思想和人生觀影響深遠。

例如，他最初是在巴黎公社動亂如火如荼的一八七一年前往法國留學。根據伊藤之雄所著的《元老　西園寺公望》，西園寺公望本身對公社雖抱持批判的態度，但這次的巴黎動亂仍帶給他巨大的衝擊，讓他下定決心只學習歐洲的優點而屏棄缺點，並認為當列強間的競爭波及東亞之時，應該起身對抗。

此外，據說西園寺公望在巴黎留學的時候依舊漢書不離身，也經常吟詠漢詩。派駐德國期間，他則喜歡閱讀義太夫本[4]。也就是說，西園寺雖然長住海外，卻沒有沾染外國氣息，而是用自己的雙眼，判斷東西雙方文化的特徵和長處。

讓歐洲人吃驚的「舌頭」

出生於京都的西園寺公望，自小品嘗精緻的京料理長大，而他日後之所以被稱作「稀世美食家」，是因為他二十多歲時第一個接觸的異國就是法國，後來又在法國度過了十年的歲月。

西園寺公望住在法國的時候曾用毛筆寫信給在日本的生母，這些書信日後整理成書簡集《歐羅巴紀遊拔書》，從中可以看出他非常重視飲食。

例如，他記錄在巴黎日常飲食的內容，是「比一般好一點的餐飲」，包括早上八點的茶點，十點的早餐則有湯、魚類料理、肉類料理以及麵包可以大快朵頤，而且還有「葡萄酒」，似乎從早上開始就會喝紅酒配餐。

到了下午四點左右，他會享用湯、魚類料理、禽類料理、肉類料理、蔬菜，飯後還有三種甜點和三種水果，此外也會搭配酒和麵包，消夜則吃麵包、牛肉冷盤（冷的烤牛肉）、兩種甜點。雖然西園寺公望當時也才二十多歲，但仍可以看出他相當好吃，想必法國料理和法國紅酒非常對他的胃口。

根據其傳記《陶庵公——西園寺公望公傳》作者竹越與三郎（三叉是他的號）所述，西園寺公望在巴黎留學的時候，曾與多位「來歷不明的美人」來往，還花了很多錢在餐飲上，開銷很大。因此他便在巴黎的日本公使館負責類似書記的工作，兼差賺錢，但薪水經常是「左手進右手出，錢都流到咖啡廳或餐廳去了」。順道一提，「陶庵」是喜歡漢詩的西園寺公望受到中國東晉詩人陶淵明的影響而取的雅號。

一八八七年，西園寺公望三十七歲時，成為歐洲要人認證的美食家。根據國木田獨步集結西園寺公望的談話所編成的《陶庵隨筆》，他以德國公使的身分前往柏林赴任時，曾在中途謁見羅馬教宗良十三世（Leo PP. XIII），又在別的宮殿拜訪國務樞機卿拉姆波拉（Mariano Rampolla）。當時的情形如下：

> 拉姆波拉樞機設宴款待我，其餐點之美味，乃是我品嘗過的宮中食物中最出色的。因為我是亞洲人，樞機數度體貼詢問歐風料理是否合我的口味。我稱讚其食物品味之高尚，他則露出驚訝的樣子，說沒想到來自遠東的賓客竟然如此懂吃，實乃主人之大幸。

西園寺公望這個讓拉姆波拉樞機驚豔的「舌頭」，可說來自長年在歐洲各地社交生活的磨練。

十九世紀末的歐洲盛行宮廷外交，列強諸國一般不把日本這般三等國的公使放在眼裡。然而，西園寺公望年紀輕輕就有住在花都巴黎十年的經歷，又會說法文，還擁有與生俱來的高貴氣質，更別提優雅的舉止。

根據西園寺公望擔任德國公使期間的部下早川鐵治所言，他不喜歡德國菜，只要一有空就會跑去巴黎玩。此外，不僅是料理，他對酒也很挑剔，據說只喝上等的酒。擔任德國公使的西園寺公望當時時常受到款待，品酒的能力完全勝過他國公使。根據早川鐵治的說詞，接替西園寺擔任德國公使的青木周藏雖然娶德國人為妻，但還是前者獲得的評價較高。

此外，西園寺公望在擔任德國公使期間也學習了德文，且職務上經常與德國首相俾斯麥會面。對於當時正與各國交涉修改不平等條約的日本而言，西園寺公望沒有被他人瞧不起、站上國際外交舞台一事，本身就具有相當程度的意義。

對料理與酒不變的堅持

西園寺公望定居日本之後，有關他的美食家軼事依舊不絕於耳。日俄戰爭時期擔任首相的桂太郎，其愛妾阿鯉（安藤照）在自傳《續阿鯉物語》當中也曾提到西園寺。一九〇五年十二月，繼桂太郎第一次內閣總辭之後，組織下一任內閣的人，就是接替伊藤博文坐上政友會總裁之位的西園寺公望。日俄戰爭結束後，桂太郎功成身退，由形象清新的西園寺接任內閣總理大臣，備受期待。

根據《續阿鯉物語》的敘述，西園寺內閣成立之後，曾經拜訪桂太郎和阿鯉，辦了一場晚宴。西園寺公望一生都沒有娶正妻，他當時與花名玉八的新橋名妓小林菊子住在一起，等同於有實無名的夫妻。然而，除了小林菊子之外，他還有許多情婦，阿鯉寫道：「接替桂公組織新內閣的西園寺公，連同第二代阿鯉也一併接收，真是一件奇妙的事。」

第二代阿鯉是桂太郎為第一代阿鯉贖身之後，繼承其名號的藝妓。「接收」第二代阿鯉的西園寺公望，還曾帶著她一起拜訪第一代阿鯉。西園寺帶著當時在日本尚屬珍貴的高級威士忌當作伴手禮，除此之外，據說還自備了白蘭地和一瓶一公升裝的蒸餾水來喝。阿鯉寫道：「桂公不喝酒，他家裡的白蘭地似乎不合挑嘴的西園寺公口味。」

這段故事還有後續。與西園寺公望交情很好的小泉三申認為自己帶水是一件很奇怪的事，於是向西園寺確認，才知道那原來不是普通的蒸餾水，而是法國的「露德聖水」。露德的洞窟是天主教的聖地，湧出的泉水至今依舊被稱作「奇蹟之水」，據說對身體有益，西園寺公望當時很喜歡把露德聖水加進白蘭地品嘗。

在明治時代，他竟然特地從法國引進頗負盛名的露德聖水，不得不令人佩服。

此外，曾任大正天皇和昭和天皇的御廚、多次負責宮中饗宴料理的秋山德藏，在隨筆集《味》當中也曾提及西園寺公望。據他所述，西園寺公望的「味覺極為敏銳」，又說：「說到吃，世上沒有人比他更挑剔。」

有一次，秋山前往興津（現在的靜岡市）拜訪晚年居住於此的西園寺公望。西園寺一看到他帶來活鰻，立刻問道：「這是哪裡的鰻魚？」秋山答道：「大和田的鰻魚。」西園寺聞言立刻高興地說：「那今晚就吃蒲燒鰻魚吧。」然而翌日早上，秋山德藏接到西園寺公望的電話，請他立刻過去。秋山急忙前往後，西園寺問道：「昨天的鰻魚真的是大和田的鰻魚嗎？」據說秋山德藏頓時困窘了起來。

從江戶時代開始經營至今的鰻魚店當中，最高檔的就是「大和田」。秋山德藏原本打算買大和田的鰻魚送給老饕西園寺公望，但實在沒有時間，最後只好在河岸買了鰻魚帶去，據說西園寺公望聽完之後便說：「我就知道。」

就連秋山德藏也佩服得五體投地，說道：「我在河岸挑選了上等品質的野生鰻魚竟然還被識破，他舌頭的敏銳程度令人吃驚。此後我再也沒有見過像他那樣懂吃的人了。」

「最後元老」的晚年

西園寺公望享壽九十一歲，在被稱作元勳或元老的政治家中是最後一位在世的大老。

元老除了在內閣交替之時向天皇推薦下一任內閣總理、出席決定國家重要政策的御前會議之外，也必須針對天皇的提問提供國政上的意見。西園寺公望是在辭去第二次內閣總理大臣之後的一九一二年（大正元年）十二月，由天皇頒布成為元老。然而，元老不具有《大日本帝國憲法》等法制上的根據，屬於一種慣例，因此在大正時代民本主義盛行之時，便出現廢除元老的聲浪。

日俄戰爭之後，軍部的勢力伸向政界，當中擁有極大權力的人正是山縣有朋。當時伊藤博文遭到槍殺身亡，井上馨、大山巖、松方正義則上了年紀，逐漸無法維持過去的勢力，因此無人能與擁有軍部背景的山縣有朋對抗。而在政治上與山縣抱持不同想法的西園寺公望，於一九一四年辭去政友會總裁一職，隱居京都。如果在太平盛世，風雅的西園寺公望或許可以專心於他的嗜好，安靜地度過餘生。

然而，命運卻不允許他這麼做。一九一九年一月，第一次世界大戰的媾和會議決定於巴黎郊外的凡爾賽舉行，山縣有朋擔心候選全權代表的政治家擴張勢力，希望由西園寺公望出席。儘管西園寺堅持拒絕，但還是禁不住山縣有朋以這是各國首相和總統出席的會議，找不到其他足以匹配的候選人為由再三遊說，不得已只好答應。

高齡近七十歲且多病的西園寺公望竟被選作全權代表，任誰聽了都會大吃一驚。話雖如此，根據秋山德藏所說，西園寺為了出席會議，還帶了大阪料亭「灘萬」的老闆和數名廚師一同前往，宛如過去的大名出巡一般。灘萬料亭的老闆則帶了味噌、醬油、日本酒和製作日本料理的食材，搭乘日本郵船「丹波丸」出航。

當時因戰火而荒廢的歐洲各國陷入糧食危機，人民只能以配給的方式領取糧食。在這種情勢下，西園寺公望或許是為了「自保」而自備了廚師和食材。事實上，當地不僅完全看不到法國一流餐廳的蹤影，就連能夠好好吃上一頓的地方都非常有限。

當時與西園寺公望同行的，還包括他從毛利家過繼來的繼承人西園寺八郎，以及嫁給八郎為妻的女兒西園寺新子，此外還有被認為是西園寺的愛妾而招人議論的奧村花，她當時年僅二十多歲，因此，報章雜誌便將這趟旅程形容為「西園寺侯的風花雪月之旅」。

曾經留學法國的西園寺公望在暌違約四十年後再度抵達法國，並與過去的友人、擔任此次會議主席的克里蒙梭（Georges Benjamin Clemenceau）等人敘舊。由於當時時間不多，西園寺八郎的夫人新子在回國後接受《報知新聞》的採訪時提到：「好不容易準備的日本料理都來不及招待克里蒙梭等人，只在翌日招待了日方的人。」從中可以看出，西園寺公望帶著廚師參加會議，其中一個目的就是希望用日本料理設宴，進行「美食外交」。

親眼見到敗戰國慘狀的西園寺公望，想必下定了決心，絕不能讓日本落入這樣的境地。儘管非常厭惡戰爭，但諷刺的是，他卻必須為之後引導日本走向破滅之路負上部分責任。

一九二二年山縣有朋過世，兩年後松方正義去世，西園寺公望作為名副其實的「最後的元老」，不得不應對時局。而當時的日本正處於第一次世界大戰之後世界進入巨大變動的時期，西園寺期待巴黎和會後成立的國際聯盟能夠發揮維繫和平的作用，因此贊成裁軍，但他仍無力阻止軍部後來的脫序失控。

一九四〇年十一月二十四日，九十一歲的西園寺公望與世長辭——正好是太平洋戰爭爆發的前一年。

譯註

1 指西園寺公望。
2 聽到杜鵑鳴叫，但由於如廁中不方便出去。
3 日本定型詩的一種，與俳句一樣由十七個音節組成。
4 日本傳統表演藝術「淨琉璃」的說唱劇本。

第十二章

無政府主義者的「素食論」——幸德秋水

早熟而體弱多病的神童

幸德秋水本名傳次郎，是一九一〇年大逆事件（幸德事件）[1]的主謀，在戰前被認為是「罪大惡極之人」。他以大逆罪嫌疑遭到逮捕後，經過非公開且異常迅速的審理，於翌年一月行刑。然而，鮮少人知道他在獄中曾經寫下「申辯書」。

申辯書上的日期是十二月十八日，也就是在他被判死刑的前一個月寫給律師的文書。而這封申辯書的目的，是為了澄清「說到無政府主義革命，許多人都會以為是用手槍或炸彈狙擊當權者的行動」一事。幸德秋水首先舉出了無政府主義者的精神領袖克魯泡特金（Pyotr Alexeyevich Kropotkin），他既是俄羅斯的公爵，也是地質學家，在學術上成績斐然。幸德秋水強調：

又如與克魯泡特金齊名的法蘭西已故學者雷克呂斯（Élisée Reclus），他是地理學大師，法國以擁有他這樣的學者為榮，市議會為了紀念他，甚至用他的名字為巴黎的一條路命名。他極度厭惡殺生，因此全然捨棄肉食，成為素食主義者。歐美無政府主義者多為素食主義者，試問就連禽獸都不忍殺害之人，何以遭受世人誤解他們以殺人為樂？

幸德秋水在這裡提到的素食主義者雷克呂斯與克魯泡特金交情甚篤，也是著名的地理學家，自一八七一年的巴黎公社運動以來，就是著名的無政府主義者。秋水舉出人格高尚且性格溫和的兩人為例，試圖否定日本人對無政府主義者的血腥暴力印象。或許不少人現在才知道，當時歐美的無政府主義者大多是素食主義者。以下將沿著幸德秋水被判大逆罪處刑的軌跡，探討其與當時的素食論之間的關係。

一八七一年（明治四年），幸德秋水出生於現在的高知縣四萬十市，是商人世家的三男。父親在幸德秋水滿一歲前過世，母親幸德多治辛苦養育孩子長大，但家道卻逐漸中落。此外秋水天生體虛，據說小時候經常吃壞肚子，從現存的照片可以看出，長大成人的幸德秋水體型矮小，至於他的體重，根據他三十五歲時寫下的書信中提到「現在十一貫七百」，算來不過四十四公斤左右。

幸德秋水雖然體弱，但非常聰明，甚至被稱作神童。他八歲便能寫小說，還會畫插畫，十二歲時閱讀報紙，經常將「自由」和「民權」掛在嘴上，據說還編寫了自己的報紙。生長於土佐[2]的幸德秋水，從幼年開始就受到自由民權思想的影響。

在自由民權運動之後十年才出生的幸德秋水師事中江兆民，十七歲時住進他在大阪的家當學徒。後與中江赴東京卻又因病返鄉，之後再次上京，進入私塾國民英學會學習，再次借住中江家。中江兆民當時很窮，無法供食客幸德秋水好好吃飯，據說「無論早晚，都只有豆渣和醬菜」。後來，幸德秋水在日清戰爭爆發前一年進入《自由新聞》工作，二十多歲時歷經《廣島新聞》、《中央新聞》、《萬朝報》

等報社，或為記者或為作家，逐漸打開名聲。

幸德秋水從這個時候開始對社會主義產生興趣，於一九〇一年四月發表著作《二十世紀之怪物　帝國主義》，五月與安部磯雄、片山潛等人組織日本第一個社會主義政黨，然而卻在組黨前夕收到禁止結社的命令，於是與《萬朝報》社長黑岩淚香等人組成不打社會主義旗號的「理想團」，吸引了許多社會主義者。

一九〇一年冬天，以足尾礦毒事件[3]出名的田中正造拜訪幸德秋水，向他表示，無論怎麼向政府控訴礦毒之害，始終得不到回應，因此想要直接向天皇申訴，希望秋水協助撰寫陳情書。十二月十日，田中正造雖然攔下天皇的馬車，卻無法將申訴書交給天皇，最後被當作「瘋子」逮捕又獲釋，幸德秋水則遭到警方拘留，但也很快獲得釋放。事發三日後，中江兆民即因癌症病逝。

巢鴨監獄的伙食

一九〇三年可說是幸德秋水生涯的轉捩點，從這一年起，他走上了無法回頭的險路。他於該年七月寫下《社會主義神髓》一書，在社會上多數人都主張日俄開戰的主戰論之下，貫徹反戰的立場。十月與堺利彥創立平民社，並於翌月創刊平民社的週刊《平民新聞》。

翌年二月日俄戰爭爆發，《平民新聞》第二十號遭受禁賣處分，擔任發行兼編輯的堺利彥也被處以兩個月的徒刑，成為社會主義者入獄的開端。

同年，《平民新聞》刊登了馬克思與恩格斯共同發表的《共產黨宣言》，即日收到發行禁令。擔任發行兼編輯的西川光二郎被判處七個月徒刑，負責印刷的幸德秋水也被判刑五個月。《平民新聞》於翌年一月二十九日出版第六十四號之後廢刊，幸德秋水則於二月底進入巢鴨監獄度過了五個月的監禁生活。

堺利彥將獄中生活寫成《樂天囚人》一書，根據他的敘述，被送到巢鴨監獄服刑的是「三犯以上的慣犯和重刑犯」、「輕禁錮犯」、「受到特別處置者」。順道一提，一九四五年秋天被駐日盟軍總司令部徵用、約十三年間共收容四千名戰犯的「巢鴨刑務所」，前身就是這間巢鴨監獄，在改名東京拘置所之後遷移到葛飾區小菅，原址則改建成商業設施「太陽城」。

對於體弱的幸德秋水而言，在巢鴨監獄的日子絕不輕鬆。雖然找不到他入獄期間對飲食的具體描述，但早他一年入獄的堺利彥，在《樂天囚人》當中以幽默的口吻描述了獄中飲食：

> 早餐喝味噌湯，應該沒什麼好不滿意的，但這裡的味噌湯就好像是水溝裡撈出的爛泥一般，而且裝湯的木桶和把手都快脫落的老舊柄杓邊緣，還掛著味噌湯料裡的昆布和菜葉，我第一次看到的時候覺得真是太髒了。晚餐是醃蘿蔔和芝麻鹽，味道清爽，還不錯。……中午的菜色最豐盛，每天都不一樣。星期日是豆腐湯、油豆腐、青菜、蘿蔔絲乾、蠶豆、花扁豆、馬肉、豬肉等，菜色大致固定。聽到有豬肉，感覺好像很不錯，但事實上只有小小的三片肉，鋪在青菜或蘿蔔絲乾上而已。但畢竟是豬肉，大家都非常興奮。

根據堺利彥所說，受到日俄戰爭的影響，一日三餐的餐費從一錢七釐削減到一錢兩釐，餐點品質變得非常粗糙。堺利彥之後第四次入獄，據說飲食稍有改善。另外補充一點，當時吃一碗熱或冷的蕎麥麵大約是兩錢。

社會主義與素食主義的關係

事實上，日俄戰爭前後，幸德秋水和堺利彥便專注於素食論和素食主義的研究。《平民新聞》第二十一號報導了幸德秋水在一九〇四年三月二十七日召開的「社會主義研究會」當中，以肉食和素食為主題發言。他在會上表示，為了肉食而殺害鳥獸的行為非常殘酷，如果可以的話希望大家戒除肉食，只是自己也尚未能以身作則吃素，並向社會推廣。此外，幸德秋水也接觸外國雜誌，在會上介紹了法國對素食的最新研究結果。

翌年三月十九日發行的、接續《平民新聞》的社報《直言》中，堺利彥在專欄〈來自平民社〉寫下以下內容：

十二日（週日），今天也住在幸德家。……閱讀素食論的書，夫人與幸衛在檐廊的一處剝花生。因為談到素食論，夫人便為我做了一道特殊的素食餐點，即是當天中午吃的花生甜湯。

堺利彥借住幸德家的時候，幸德秋水的妻子千代子為他準備了「素食餐點」，而文中的「幸衛」則是幸德秋水的侄子。堺利彥在四月二日和九日發行的《直言》發表文章〈有關素食主義（上、下）〉，喜歡貓狗的他自從成為防止動物虐待協會的會員之後，對於殺生吃肉一事變得敏感，而社會主義思想更讓他對肉食本身產生質疑。根據堺利彥的說法，世上的競爭論者看到生物界的生存競爭，而對人類的階級制度和貧富差距產生認同，然而，社會主義者不欺壓弱小，期許以相互扶助取代自由競爭，創造安樂無爭的世界。

為此，肉食問題每每在社會主義研究會上被提起，針對「人類與動物的界線究竟在哪裡？」、「如果要廢除肉食，那植物難道不是生物嗎？……這樣的話，人類究竟該吃什麼呢？」等議題提出質疑。

幸德秋水進入巣鴨監獄服刑時，在寄給堺利彥的信中（一九〇五年三月二十六日）寫道：「究竟該如何解決素食問題，小生現正實驗中。」由於監獄提供的肉類非常少，幾乎等同處於素食的狀態，但他好像還是很不服輸地用「實驗中」一詞描述吃素，這一點非常有趣。

幸德秋水在五個月後的一九〇五年七月二十八日出獄，但由於身體非常虛弱而暫時在家靜養。期間日俄戰爭結束，九月五日發生民眾反對談和結果的日比谷縱火事件，政府發布戒嚴令，並下令取締新聞雜誌，加以鎮壓。《直言》在此時被迫無限期停刊，而發生內部分裂的平民社，也不得已於十月九日解散。

在美國實踐素食主義

幸德秋水決定趁此機會前往美國，在同志的資助下於十一月出發。他雖然等同是逃亡至舊金山，不過當時平民社的美國分部還健在，在那裡言論自由、不會遭受打壓，更受到當地日本人的熱烈歡迎。幸德秋水大受感動之餘，將所有精力投注在演講活動等，也與來自俄羅斯的流亡者交流。有人認為他是在出獄的時候從社會主義者轉為無政府主義者，但實際上，他於滯美期間改變的可能性更高。

幸德秋水在入獄之前深受馬克思和恩格斯的影響，與堺利彥等人相同，採用接近德國社會民主黨的思想，主張透過普選產生的議會制。然而，他在獄中閱讀了克魯泡特金的著作，被其呼籲無政府共產主義的思想打動。

在美國供幸德秋水住宿的弗里奇夫人是一名出生於俄羅斯的無政府主義者，根據秋水的日記，她沉迷於普選無用論和暗殺統治者的思想。此外，幸德秋水透過弗里奇夫人的女兒，與流亡英國的克魯泡特金取得聯絡，並獲得克魯泡特金的著作《麵包與自由》（*La Conquete du Pain*）的翻譯權。

弗里奇夫人既是無政府主義者，也是素食主義者，經常闡述素食的好處。受到她的影響，幸德秋水在美國的飲食生活據說也接近素食。當時，由堺利彥擔任發行兼編輯的《家庭雜誌》，刊登了幸德秋水滯美期間於一九〇六年三月二十八日執筆的文章〈素食主義〉。文中他介紹了在美國遇到的素食主義者，首先舉出的就是弗里奇夫人，說她「老是吃茶褐色的麵包和水果做的料理，只要有空，就不厭其煩地闡述革命主義和素食主義的功能」。而所謂的「茶褐色的麵包」應該就是指黑麵包跟裸麥麵包。

幸德秋水舉出的另一位人物是芝加哥的梅瑞爾夫人，據說她年輕的時候身體孱弱，但在改吃素食之後，十五年來從未看過醫生。此外，七十六歲的克萊門特夫人也是嚴格的素食主義者，她認為自己的活力和健康都是拜素食所賜。

幸德秋水在〈素食主義〉中還寫道美國非常流行素食，不僅各城市的雜誌會介紹素食，還有專賣素食食材的商店，也有素食餐廳，並提到自己是根據醫學理論而傾向素食主義，其說明如下：

▲肉類會長時間停留在腸胃之中且容易腐爛，因此易滋生許多有毒的黴菌，這是造成人類生病的主要原因。尤其在競爭的經濟體系之下，商人思想嚴重腐敗，無論去哪一個國家，都有人在販賣死牛肉，這幾乎已成常態。若不是腸胃特別強健的人，肉食是一件非常危險的事。

▲至於穀物和果實一類，無論是米飯或麵包、糯米乾糧或餅乾、蘋果或橘

子、梅子或杏桃，都不像肉類那麼容易腐敗，即使腐敗也能立刻分辨。由於這些食物易消化，不會長時間停留在腸胃之中，所以不需要擔心會成為黴菌的肥料。自古以來就常有肉類中毒的案例，但很少聽說因吃下穀物或成熟的果實而中毒。

▲因此我相信，只要實行素食主義或果實主義，就可以免除大部分的病痛。

當時，在美國發行的日本報刊《日美》（三月十五日）也刊登了幸德秋水所寫的〈素食之研究〉：

對人類而言，沒有比生命更重要的東西，也就是說，沒有比健康更重要的事了。因此，世上沒有什麼問題比食物的問題更直接且重大。我認為，無論是醫師或餐廳，都必須時時研究食物。我逢人就想問他們「希望吃什麼延續生命？」，而我尤其想問的是「要選肉食或素食」。

幸德秋水在文章中提及自己自幼就非常膽小，不忍殺害任何生物，卻非常喜歡吃肉。他相信西洋人之所以富強是因為吃肉、日本人之所以貧弱是因為吃素的說法，因此曾是肉食的提倡者。

然而，他後來閱讀了托爾斯泰所寫的《向上的第一步》（*The First Step*），作者以強烈的筆觸闡述肉食的不仁，主張人類道德向上的「第一步」是克己，也就是要放棄吃肉。深深被這項論點打動的幸德秋水，之後持續閱讀素食相關的書籍，對素食主義愈來愈感興趣。

然而，他終究無法像托爾斯泰或部分無政府主義者一般成為百分之百的素食主義者。返回日本後，重回故鄉土佐的秋水曾在信中寫道：「小生每日吃松魚（按：即鰹魚）和鰻魚，非常肥美。」可以看出他吃著在美國吃不到的美味鰹魚和鰻魚，大飽口福。

天生羸弱的幸德秋水大概從小就被教導要為了健康攝取滋補的東西。他雖然喜歡吃肉，但在窮困潦倒的時候，畢竟無法過著想吃肉就吃肉的奢侈生活，在中江兆民家當食客時，每天吃的都是豆渣和醬菜等粗茶淡飯。

然而，對照幸德秋水任職於《萬朝報》時期所寫的日記，當時他經常與友人去西餐廳吃飯，畢竟好不容易當上記者領了薪水，終於可以盡情吃想吃的東西。不僅如此，他喝酒也從不客氣，儘管已經娶妻，仍照常到花柳巷尋歡。說到與女性的關係，秋水稱不上是聖人君子，他曾經趁妻子不在的時候與同志的妹妹發生關係，激怒了對方。幸德秋水作為社會主義者和無政府主義者而主張女性解放，但他自己的行為卻與此矛盾。

幸德秋水對素食主義也是如此，雖然研究最新的理論，滯美期間受到弗里奇夫人的影響實踐素食主義，但回國之後就放棄了。如果用嚴格的標準來看，如同無法戒掉對女性的色慾，他也無法斷絕對肉或魚的食慾，這可說是他的人性弱點。

「革命需要的其實是麵包！」

幸德秋水於一九〇六年六月返回日本，在他滯美七個月期間，日本的情勢變得混沌不明。雖然社會主義政黨在他赴美的時候首度於日本合法成立，但以幸德秋水為象徵的直接行動論派與以片山潛為首的議會政策派在黨大會對立，造成黨內分裂。

幸德秋水認為「我們對政治、法律、議會、選舉絕望，乃無政府共產主義；他們則期望萬事仍舊依據國家的權力行事，是所謂的社會民主主義」。對照克魯泡特金在《麵包與自由》當中提出「麵包啊，革命需要的其實是麵包！」的口號，幸德秋水在遭到禁止出版的著作《平民主義》（一九〇七年）當中則是高喊「勞動階級希望的不是奪取政權，而是奪取『麵包』，需要的不是法律而是衣食」。

在《麵包與自由》中，克魯泡特金重視的是人類的食、衣、住，尤其對食物多有著墨。他雖然沒有堅持素食，但如他所說，「擁有上等蔬菜和果實的人民，不需要消費太多的肉類」，可以看出他主張比起肉，必須優先取得麵包和蔬菜。

一九〇七年十月，由於宿疾腸結核復發，幸德秋水回到土佐休養。當時，警察認定直接行動論派屬於激進派，打壓的力道日益劇增。而逐漸傾向恐怖主義的滯美左翼分子也正開始派發鼓吹暗殺天皇的傳單，讓日本政府心生恐懼。

一九〇八年六月發生了赤旗事件。揮舞紅旗遊行的社會主義者被一網打盡，全數遭到逮捕。其中，遭受控告的堺利彥、大杉榮、山川均、荒畑寒村等十人，被判處一年至兩年半的重刑。諷刺的是，這麼一關讓堺利彥等人直到一九一〇年為止都待在獄中，反而免於被捲入大逆事件當中，保全了性命。

幸德秋水一邊在土佐休養，一邊著手翻譯《麵包與自由》，但後來卻又在同志的催促之下回到東京——然而，此舉就好像跳入陷阱一般。他受到強烈的打壓，無法從事相關運動，生活相當窘迫，還得隨時受警察監視，不只外出會被跟蹤，所有的訪客也都得受到訊問，遑論他最信任的堺利彥又被判入獄兩年。

當時，幸德秋水的妻子千代子因宿疾風濕惡化而無法照顧他，他便以此為由單方面提出離婚的要求。這其中或許有許多外人無從得知的內情，但秋水和前任妻子離婚時也是差不多的狀況，他對於女性的態度可說有些自私。只是，這次離婚卻真的要了他的命。

幸德秋水離婚後，照顧他起居的是性格強勢的「革命婦人」管野須賀（筆名須賀子）。管野須賀曾與荒畑寒村同居，但寒村後來因赤旗事件入獄，據說管野當時對他的愛就已經冷卻。於是，幸德秋水與管野須賀結為有實無名的夫妻，從這個時候開始埋下大逆事件的種子。

奪取獄中同志的愛人，這個醜聞讓幸德秋水受到嚴厲的批判，許多社會主義者因此離他而去。木下尚江也因擔心此事而前來探訪，據說秋水對他說道：「在我臨死之前能夠照顧我的人，還是千代子啊。」病況日益惡化日四面楚歌的幸德秋水，似乎已經有所覺悟，自己最多只剩下幾年的性命。

看不下去的友人小泉三申等人伸出了援手，秋水遂退出相關運動，在湯河原靜養並專心寫作。只是兩個多月後，便遭人舉發。

寫入漢詩的除夕蕎麥麵和年糕

幸德秋水就像早知道政府要除掉他一般，態度十分冷靜。他在遭人舉發之前就與管野須賀分居，被逮捕後立刻寫信向前妻千代子報告。從在獄中寫給千代子的信可以看出，在人生的最後階段，他或許還是希望與她重修舊好。

在等待判決期間，親友獲准將食物送進獄中，秋水為此寫信給千代子，希望她可以送來午餐便當。千代子一開始雖拒絕了他，但他最終還是如願每天收到便當。

在十二月六日寫給千代子的信中，他罕見地提到了食物：

△入獄六個月的此時，已經吃過十二次生魚片。吃到秋刀魚會感受到季節，吃到鮭魚和鯡魚卵就會想到，啊，進入產季了。夏天以來吃了香魚，也吃了松茸；蔬菜方面吃了小黄瓜、南瓜、茄子，還有現在當季的蕪菁；水果的話則是吃了蘋果、梨子、栗子、柿子、橘子等，每次看到新鮮的食材就可以感受季節的變化。小時候讀過伏姬隱居深山[4]，當中有一段優美的詞句，寫道「望著花紅葉想念村里的四季」，對於吾等而言，每日的便當是唯一的日曆。△每天等待不同菜色變化的便當，就好像閱讀日報一般令人期待，真是一件非常有趣的事。

十一月，幸德秋水的母親多治從土佐前來探視。翌月，多治因肺炎逝世，也有傳言她是輕生。秋水在獄中得知母親過世的消息悲慟大哭。一九一一年元旦，他在給堺利彥的最後一封信中，寫下這首漢詩：

辛亥（？）歲朝偶成

獄裡泣居先妣喪（在獄中悲聞母喪）

何知四海入新陽（不知四方迎新年）

昨宵蕎麥今朝餅（昨夜的蕎麥麵，今早的年糕）

添得罪人愁緒長（更為罪人增添愁緒）

獄方在除夕提供了蕎麥麵，今天早上又給了年糕，如此近乎狂詩[5]的作品就是我最真實的心境。▲請原諒我長篇的抱怨，我對浮世已經沒有絲毫眷戀，唯有我的不孝罪該萬死。

想必幸德秋水是抱著品嘗人生最後的跨年蕎麥麵和年糕的心情，一口一口吃下肚的吧。

因大逆事件而遭起訴的共有二十六位，當中也包括了很可能無罪的人。然而，政府從一開始就是以根除危險至極的無政府主義者為目的，「捏造」以幸德秋水為主謀的事件。一月十八日，除了兩人之外，其餘二十四人皆被判處死刑，且大逆罪不得上訴。其中有半數十二人因特赦而改判無期徒刑，但秋水等人的死刑卻飛快地在判決後一週的二十四日執行（僅管野須賀於二十五日行刑）。幸德秋水當時三十九歲，這年也是明治時代結束的前一年。

譯註

1 大逆事件是指十九世紀初日本社會主義者和無政府主義者策劃暗殺明治天皇，後來陸續遭到逮捕、起訴的一連串事件，其中最著名的即是以幸德秋水為首謀的「幸德事件」。

2 日本古代的令制國之一，範圍相當於現在的高知縣。高知是日本自由民權運動的發祥地，舉凡植木枝盛、中江兆民、板垣退助等推動自由民權的重要人物皆來自高知。

3 明治初期發生在栃木縣足尾銅山的公害事件。煉銅過程中排放出的亞硫酸廢氣等有毒物質，造成大範圍的汙染。

4 出自小說讀本《南總里見八犬傳》的故事橋段。

5 以漢詩的形式歌詠的打油詩。

後記

我是在執筆村井弦齋的評傳時，開始對明治時代與「飲食」相關的故事產生興趣。村井弦齋筆下的暢銷小說《食道樂》雖然是百年多前的作品，但光是書中登場的和、洋、中式料理就有超過六百種，可以看出明治時代的人們在「飲食」這個領域積極引進新東西。

之後，我開始將目光轉向近代日本的歷史事件與「飲食」的關係。外交必會伴隨盛宴，事件的主角根據不同的場合品嘗各式料理，從傳統的日本料理到法國料理，饗宴菜單的變化也令人玩味。

那麼要從何寫起呢？想來還是應該從動搖幕末日本的黑船事件和主角培里准將開始。我聽說橫濱有一間料亭重現了部分幕府當時款待培里的料理，便立刻前往一嘗，這家店就是位於ＪＲ關內車站附近的老店「濱新」。我一邊聽著店主山菅浩一朗先生的說明，一邊吃著「培理饗宴膳」，大飽口福。

根據山菅先生的說法，如今雖然留有食材的紀錄，但由於無從得知調味方式，因此重現的時候困難重重。實際品嘗後我也可以理解，即使日本人覺得生魚片和蒸煮蔬菜非常美味，但的確可能不合美國人培里的口味。

明治維新後興建了鹿鳴館，作為與外國人交流的社交場所。實際造訪這個過去舉辦華麗舞會和晚宴的地方，可以看到寫著「鹿鳴館跡」和說明文的小牌子，但已完全沒有當時的影子。

而緊鄰鹿鳴館遺址的高聳建築物，是明治時代最具代表性的政商大倉喜八郎與澀澤榮一共同興建、後來由大倉喜八郎管理的帝國飯店。大倉喜八郎累積的財富驚人，行事也異於常人，是個名副其實的「怪物」。帶著對他的敬意，我也在帝國飯店的餐廳享用了午餐。

當我站在大津事件的事發現場，不禁覺得「咦，就是這裡嗎？」。僅僅是在狹小道路的交會處立了一個小石碑而已，不說還真不知道這裡是俄羅斯末代沙皇尼古拉二世還是皇太子時遇襲的現場。

以味覺方面來說，令我難忘的是在下關割烹旅館「春帆樓」吃到的河豚。我想著這是千載難逢的機會，便動身前往山口探訪，品嘗著名的河豚套餐。我只能說，伊藤博文深愛的河豚料理果真是一絕。接著我前往位於光市的伊藤公資料館參觀，這個資料館比我想像得更加「簡陋」，這一點也令我印象深刻。想到曾經四度擔任總理大臣的伊藤博文在這裡出生，不禁感慨萬千。

我在撰寫最後一章關於幸德秋水的內容時，剛好在古書販賣會上發現了克魯泡特金所著、由秋水翻譯的禁書《麵包與自由》，如此的巧合讓我不禁覺得這是幸德秋水的靈魂召喚，令人不寒而慄。

「飲食」的世界非常深奧，是我極感興趣的主題，希望今後也能透過不同的形式，繼續以歷史與飲食為主題寫作。

本書是以在雜誌《文學界》二〇〇六年八月號至翌年七月號連載的十二篇文章修訂而成，一年來深受《文學界》編輯部的武藤旬先生關照，我也對於有機會進行

「美味採訪」一事深表感謝。

同時，也要藉此機會感謝接受採訪的濱新店主山菅浩一朗先生、春帆樓本店副店長手柴鋼太郎先生、伊藤公資料館副館長竹林宏先生、滋賀縣立琵琶湖文化館學藝員井上廣美小姐、大津市歷史博物館學藝員樋爪修先生。（皆為採訪當時的職稱）

最後，我還要感謝從企劃階段就提出許多想法，引導我完成這部著作的自由編輯石田陽子小姐，以及讓本書順利出版的文春新書編輯部細井秀雄先生。

回想起來，寫這本書的時候自己就好像廚師一樣，嚴選食材，再經過備料和烹調。在此由衷期盼讀者能夠慢慢品嘗這十二道料理。

二〇〇八年七月

黑岩比佐子

主要參考文獻

〔馬修・培理〕

・土屋喬雄、玉城肇合譯，《ペルリ提督日本遠征記（一～四）》，岩波文庫，一九四八～五五。（原書名：*Narrative of the Expedition of an American Squadron to the China Seas and Japan*）
・橫濱市役所編，《横浜市史稿　政治編　二》，名著出版，一九七三。
・濱田義一郎，《江戸たべもの歳時記》，中公文庫，一九七七。
・兒玉定子，《日本の食事様式》，中公新書，一九八〇。
・宮永孝，《ペリー提督——日本遠征とその生涯》，有隣堂，一九八一。
・東京大學史料編纂所編，《大日本古文書　幕末外国関係文書之五》，東京大學出版會，一九八四。
・三遊亭圓樂監修，山本進編，《落語ハンドブック》，三省堂，一九九六。
・馬修・培理著，木原悦子譯，《ペリー提督日本遠征日記》，小學館，一九九六。（原書名：

Narrative of the Expedition of an American Squadron to the China Seas and Japan）

・豬口孝監修，三方洋子譯，《猪口孝が読み解く「ペリー提督日本遠征記」》，NTT出版，一九九九。

・草間俊郎，《ヨコハマ洋食文化事始め》，雄山閣出版，一九九九。

・塞繆爾・艾略特・莫里森（Samuel Eliot Morison）著，座本勝之譯，《伝記　ペリー提督の日本開国》，双葉社，二〇〇〇。（原書名：*Old Bruin: Commodore Matthew Calbraith Perry*）

・大江志乃夫，《ペリー艦隊大航海記》，朝日文庫，二〇〇〇。

・神奈川縣立歷史博物館編，《ペリー来航一五〇周年記念　特別展　黒船》，神奈川縣立歷史博物館，二〇〇三。

・加藤祐三，《幕末外交と開国》，筑摩新書，二〇〇四。

・小島敦夫，《ペリー提督　海洋人の肖像》，講談社現代新書，二〇〇五。

・原田信男，〈食からみた日本史　近世の食　十三　異人への饗応〉，《vesta》，二〇〇一年秋季號。

〔薩道義〕

・薩道義著，坂田精一譯，《一外交官の見た明治維新　上・下巻》，岩波文庫，一九六〇。（原書名：*A Diplomat in Japan*）

・澀澤榮一，《徳川慶喜公伝　三》，平凡社，一九六七。
・維新史學會編，《幕末維新外交史料集成　第一巻》，第一書房，一九七八。
・兒玉定子，《日本の食事様式》，中公新書，一九八〇。
・修・科塔茲（Hugh Cortazzi）著，中須賀哲朗譯，《ある英国外交官の明治維新——ミットフォードの回想》，中央公論社，一九八六。（原書名：*Mitford's Japan: Memories and Recollections*）
・薩道義著，長岡祥三譯，《アーネスト・サトウ公使日記　一》，新人物往來社，一九八九。（原書名：*The Diaries of Sir Ernest Satow, Vol.1*）
・愛徳華・史溫生（Edouard Suenson）著，長島要一譯，《江戸幕末滞在記》，新人物往來社，一九八九。（原書名：*Skitserfra Japan*）
・薩道義著，長岡祥三、福永郁雄合譯，《アーネスト・サトウ公使日記　二》，新人物往來社，一九九一。（原書名：*The Diaries of Sir Ernest Satow, Vol.2*）
・密福特（Algernon Bertram Freeman-Mitford）著，長岡祥三譯，《英国外交官の見た幕末維新——リーズデイル卿回想録》，講談社學術文庫，一九九八。（原書名：*Memories*）
・萩原延壽，《遠い崖——アーネスト・サトウ日記抄一～十四》，朝日新聞社，一九九八～二〇〇一。
・横濱開港資料館編，《図説　アーネスト・サトウ——幕末維新のイギリス外交官》，有隣堂，二〇〇一。

〔**明治天皇**〕

- 宮內廳編，《明治天皇紀　第一～第十二》，吉川弘文館，一九六八～七五。
- 日野西資博，《明治天皇の御日常》，新學社教友館，一九七六。
- 秋偲會編，《天皇家の饗宴》，德榮，一九七八。
- 兒玉定子，《宮廷柳営豪商町人の食事誌》，築地書館，一九八五。
- 修・科塔茲（Hugh Cortazzi）著，中須賀哲朗譯，《ある英国外交官の明治維新——ミットフォードの回想》，中央公論社，一九八六。（原書名：*Mitford's Japan: Memories and Recollections*）
- 密福特（Algernon Bertram Freeman-Mitford）著，長岡祥三譯，《英国貴族の見た明治日本》，新人物往來社，一九八六。（原書名：*The Garter Mission to Japan*）
- 高橋紘，《天皇家の仕事》，共同通信社，一九九三。
- 唐納德・基恩（Donald Keene）著，角地幸男譯，《明治天皇　上・下巻》，新潮社，二〇〇一。（原書名：*Emperor of Japan: Meiji and His World, 1852-1912*）
- 飛鳥井雅道，《明治大帝》，講談社學術文庫，二〇〇二。
- 堀口修監修、編輯，《臨時帝室編集局史料「明治天皇紀」談話記録集成　一～九》，

YUMANI書房，二〇〇三。
・君塚直隆，《女王陛下のブルーリボン——ガーター勲章とイギリス外交》，NTT出版，二〇〇四。
・四方田犬彦，《ラブレーの子供たち》，新潮社，二〇〇五。
・笠原英彥，《明治天皇》，中公新書，二〇〇六。
・米窪明美，《明治天皇の一日》，新潮新書，二〇〇六。

〔井上馨〕

・安藤照，《続お鯉物語》，福永書店，一九二八。
・皮耶・羅逖（Pierre Loti）著，村上菊一郎、吉冰清合譯，《秋の日本》，角川文庫，一九五三。（原書名：*Japoneries d'automne*）
・井上馨候傳記編纂會編，《世外井上公伝　第三巻》，原書房，一九六八。
・横山源之助，《横山源之助全集　第三巻　人物論》，明治文獻，一九七四。
・兒玉定子，《日本の食事様式》，中公新書，一九八〇。
・近藤富枝，《鹿鳴館貴婦人考》，講談社，一九八〇。
・磯田光一，《鹿鳴館の系譜》，文藝春秋，一九八三。
・富田仁，《鹿鳴館——擬西洋化の世界》，白水社，一九八四。

・長井實編，《自叙益田孝翁伝》，中公文庫，一九八九。
・帝國飯店編，《帝国ホテル百年史　一八九〇～一九九〇》，帝國飯店，一九九〇。
・飛鳥井雅道，《鹿鳴館》，岩波 Booklet，一九九二。
・武內孝夫，《帝国ホテル物語》，現代書館，一九九七。
・唐納德・基恩（Donald Keene）著，角地幸男譯，《明治天皇　下巻》，新潮社，二〇〇一。
（原書名：*Emperor of Japan: Meiji and His World, 1852-1912*）
・東京俱樂部編，《東京倶楽部物語――ジェントルマンの一二〇年》，東京俱樂部，二〇〇四。
・堅田剛，〈明治二十年のファンシーボール――あるいは鹿鳴館外交の挫折について〉，《独協法学》，二〇〇五年六月號。

〔大倉喜八郎〕

・小西榮三郎，《大正成金伝》，富強世界社，一九一六。
・伊藤痴遊，《伊藤痴遊全集　続第九巻　富豪伝》，平凡社，一九三一。
・山中四郎，《日本缶詰史　第一巻》，日本罐頭協會，一九六二。
・大成建設社史發刊準備委員會編，《大成建設社史》，大成建設，一九六三。
・東京百年史編輯委員會，《東京百年史　第三巻》，東京都，一九七二。

• 兒玉定子，《日本の食事様式》，中公新書，一九八〇。
• 城山三郎，《野性のひとびと——大倉喜八郎から松永安左衛門まで》，文春文庫，一九八一。
• 內橋克人，《破天荒企業人列伝》，新潮文庫，一九八三。
• 大倉雄二，《逆光家族——父・大倉喜八郎と私》，文藝春秋，一九八五。
• 大倉雄二，《鯰——元祖「成り金」大倉喜八郎の混沌たる一生》，文藝春秋，一九九〇。
• 帝國飯店編，《帝国ホテル百年史　一八九〇～一九九〇》，帝國飯店，一九九〇。
• 戸板康二，《ぜいたく列伝》，文藝春秋，一九九二。
• 小堺昭三，《明敏にして毒気あり——明治の怪物経営者たち》，日本經濟新聞社，一九九三。
• 砂川幸雄，《大倉喜八郎の豪快なる生涯》，草思社，一九九六。
• 村上信夫，《村上信夫メニュー　帝国ホテルスペシャル》，小學館文庫，一九九九。
• 東嶋和子，《メロンパンの真実》，講談社，二〇〇四。
• 紀田順一郎，《カネが邪魔でしょうがない——明治大正・成金列伝》，新潮社，二〇〇五。
• 〈豪商大倉氏の台所〉，《女学世界》，一九〇四年九月秋季增刊號。
• 〈大倉喜八郎と其平生〉，《実業画報》，一九〇六年二月號。
• 小島政二郎，〈秋風の鳴る鈴〉，《小說新潮》一九六五年十一月號。

〔尼古拉皇太子〕

- 埃爾溫・貝爾茲（Erwin Bälz）著，濱邊正彥譯，《ベルツの「日記」》，岩波書店，一九三九。（原書名：*Das Leben eines deutschen Arztes im erwachenden Japan*）
- 兒島惟謙，《大津事件手記》，築地書店，一九四四。
- 兒島惟謙著，家永三郎編，《大津事件日誌》，平凡社，一九七一。
- 海倫・帕帕施維利（Helen Waite Papashvily）、喬治・帕帕施維利（George Papashvily）合著，Time-Life Books 編輯部編譯，《ロシア料理》，Time-Life Books，一九七二。（原書名：*Russian Cooking*）
- 社會問題資料研究會編，《大津事件に就て　上・下巻》，東洋文化社，一九七四。
- 石光真清，《城下の人》，中公文庫，一九七八。
- 田岡良一，《大津事件の再評価》，有斐閣，一九八三。
- 早崎慶三，《大津事件の真相》，Sun-Bright 出版，一九八七。
- 保田孝一，《最後のロシア皇帝　ニコライ二世の日記》，朝日新聞社，一九九〇。
- 尾佐竹猛、三谷太一郎校註，《大津事件》，岩波文庫，一九九一。
- 野村義文，《大津事件——露国ニコライ皇太子の来日》，葦書房，一九九二。
- 關西大學法學研究所編，《危機としての大津事件》，關西大學法學研究所，一九九二。
- 齋藤龍著，萬良一校註，《廻瀾録》，人之森出版，一九九二。

•愛德華・拉德金斯基（Edvard Radzinsky）著，工藤精一郎譯，《皇帝ニコライ処刑 上・下卷》，日本放送出版協會，一九九三。（原書名：*Николай II. Жизнь и смерть*）
•多明尼克・利芬（Dominic Lieven）著，小泉摩耶譯，《ニコライⅡ世》，日本經濟新聞社，一九九三。（原書名：*Nicholas II: Emperor of All the Russias*）
•山中敬一，《論考　大津事件》，成文堂，一九九四。
•新井勉，《大津事件の再構成》，御茶水書房，一九九四。
•楠精一郎，《児島惟謙》，中公新書，一九九七。
•磯川全次，《大津事件と明治天皇　封印された十七日間》，批評社，一九九八。
•羅伯特・馬奇（Robert Kinloch Massie III）著，今泉菊雄譯，《ロマノフ王家の終焉》，鳥影社，一九九九。（原書名：*The Romanovs: the final chapter*）
•埃萊娜・當科斯（Hélène Carrère d'Encausse）著，谷口侑譯，《甦るニコライ二世》，藤原書店，二〇〇一。（原書名：*Nicolas II, La transition interrompue*）
•高森直史，《海軍食グルメ物語》，光人社，二〇〇三。
•大津市歴史博物館編，《企画展　大津事件》，大津市歴史博物館，二〇〇三。
•笠原英彦，《明治天皇》，中公新書，二〇〇六。
•山口延男，〈DNA解析による個人識別と史実——ロマノフ・ニコライ二世一家殺害事件を中心として〉，《神戸常盤短期大学紀要》，二〇〇〇。

・樋爪修，〈【研修ノート】津田三蔵書簡について〉、〈【資料紹介】津田三蔵書簡〉，《大津市歴史博物館研究紀要　十一》，二〇〇四。

〔伊藤博文〕

・柏村一介等，《下の関案内記　並山口福岡両県名勝録》，柏村一介，一九〇〇。
・伊藤銀月，《伊藤博文公》，千代田書房，一九〇九。
・古谷久綱，《藤公余影》，民友社，一九一〇。
・末松謙澄，《孝子　伊藤公》，博文館，一九一一。
・高田早苗口述，薄田貞敬編，《半峰昔ばなし》，早稲田大學出版部，一九二七。
・伊藤痴遊，《続　隠れたる事実　明治裏面史》，成光館出版部，一九二八。
・平塚篤編，《伊藤博文秘録》，春秋社，一九二九。
・伊藤春外套編，《河豚と下関》，下關觀光協會，一九三五。
・春畝公追頌會編，《伊藤博文伝　上・中・下巻》，春畝公追頌會，一九四〇。
・三宅孤軒編，《玉饌ふぐを語る》，東京河豚料理聯盟，一九五〇。
・下關市市史編修委員會編，《下関市史　市制施行以後》，下關市役所，一九五八。
・日本河豚研究會編，《ふぐ》，日本河豚研究會，一九六一。
・山口縣教育會編，《吉田松陰全集　第二巻》，大和書房，一九七三。

・藤村道生，《日清戦争》，岩波新書，一九七三。
・宮內廳編，《明治天皇紀　第八》，吉川弘文館，一九七三。
・中原雅夫，《ふく百話》，西日本教育圖書，一九七三。
・北濱喜一，《ふぐ博物誌》，東京書房社，一九七五。
・北大路魯山人著，平野雅章編，《魯山人味道》，中公文庫，一九八〇。
・朝日新聞西部本社社會部，《ふぐ》，朝日新聞社，一九八二。
・清永唯夫，《下関　その歴史を訪ねて》，山口銀行，一九八八。
・山口縣歷史散步編輯委員會編，《新版　山口県の歴史散歩》，山川出版社，一九九三。
・中尾定市著，中尾文雄編，《伊藤博文公と梅子夫人》，龜山八幡宮社務所，一九九六。
・西川恵，《エリゼ宮の食卓——その饗宴と美食外交》，新潮社，一九九六。
・梅崎大夢，《雜録　春帆楼》，正風書舍，一九九九。
・陸奥宗光著，中塚明校註，《新訂　蹇蹇録》，岩波文庫，二〇〇五。
・笠原英彥，《明治天皇》，中公新書，二〇〇六。
・追分日出子，〈「必死の人」元動伊藤の「立国」精神——伊藤博文を歩く〉，毎日Mook《二十世紀の記憶　第二ミレニアムの終わり・人類の黄昏一九〇〇～一九一三》，毎日新聞社，一九九九年十一月。

〔兒玉源太郎〕

・伊藤景綱，《日露戦史　全》，文武館，一九〇六。

・森山守次、倉辻明義合著，《児玉大将伝》，星野錫，一九〇八。

・杉山茂丸，《児玉大将伝》，博文館，一九一八。

・安藤照，《お鯉物語》，福永書店，一九二七。

・櫻井忠溫，《将軍乃木》，實業之日本社，一九二八。

・相馬基編，《父の映像》，東京日日新聞社，一九三六。

・谷壽夫，《機密日露戦史》，原書房，一九六六。

・下村富士男，《近代の戦争　第二巻　日露戦争》，人物往來社，一九六六。

・和田政雄編，《乃木希典日記》，金園社，一九七〇。

・司馬遼太郎，《坂の上の雲　四》，文藝春秋，一九七一。

・宮內廳編，《明治天皇紀　第十》，吉川弘文館，一九七四。

・宮內廳編，《明治天皇紀　第十一》，吉川弘文館，一九七五。

・丹尼士・華納（Denis Warner）、佩姬・華納（Peggy Warner）合著，妹尾作太男、三谷庸雄合譯，《日露戦争全史》，時事通信社，一九七八。（原書名：*The tide at sunrise: a history of the Russo-Japanese War*）

・酒井修一編，《日露戦争写真集》，新人物往來社，一九八七。

・井上宗和，《世界の酒　四　シャンパン》，角川書店，一九九〇。
・宿利重一，《児玉源太郎》，復刻，マツノ書店，一九九三。
・中村晃，《大軍師児玉源太郎》，叢文社，一九九三。
・生出壽，《知将児玉源太郎》，光人社，一九九六。
・三戸岡道夫，《児玉源太郎――明治陸軍の巨星》，學研M文庫，二〇〇二。
・長田昇，《児玉源太郎》，「兒玉源太郎」出版紀念委員會，二〇〇三。
・福田和也，《乃木希典》，文藝春秋，二〇〇四。
・小森陽一、成田龍一合編，《日露戦争スタディーズ》，紀伊國屋書店，二〇〇四。
・神川武利，《児玉源太郎――日露戦争における陸軍の頭脳》，PHP研究所，二〇〇四。
・讀賣新聞取材班，《検証　日露戦争》，中央公論新社，二〇〇五。
・外池良三編，《世界の酒日本の酒ものしり事典》，東京堂出版，二〇〇五。
・中村謙司，《史論　児玉源太郎――明治日本を背負った男》，光人社，二〇〇六。
・山本博，《シャンパンのすべて》，河出書房新社，二〇〇六。
・《日露戦争写真画報　第十二巻》，博文館，一九〇五年一月一日。
・《日露戦争写真画報　第十五巻》，博文館，一九〇五年二月八日。
・《日露戦争写真画報　臨時増刊　旅順現状写真帖　第二十一巻》，博文館，一九〇五年四月二十日。

・《戦時画報　第三十八号》，近事畫報社，一九〇五年二月十日。
・《戦時画報　臨時増刊　旅順開城実景写真帖　第三十九号》，近事畫報社，一九〇五年二月十五日。
・《戦時画報　第四十号》，近事画畫社，一九〇五年二月二十日。
・福田恆存，〈乃木将軍と旅順攻略戦〉，《中央公論　臨時増刊　歴史と人物》，一九七〇年十二月。
・室井廣一，〈杉山茂丸論ノート（二）　政治的黒幕の研究〉，《海外事情》，一九八一年四月號。

〔村井弦齋〕

・才神時雄，《松山収容所――捕虜と日本人》，中公新書，一九六九。
・長谷川伸，《長谷川伸全集　第九巻》，朝日新聞社，一九七一。
・大江志乃夫編，《明治大正図誌　第十四巻　瀬戸内》，筑摩書房，一九七九。
・才神時雄，《メドヴェージ村の日本人墓標》，中公新書，一九八三。
・菲利普・庫普欽斯基（Filipp Petrovich Kupchinsky）著，小田川研二譯，《松山捕虜収容所日記――ロシア将校の見た明治日本》，中央公論社，一九八八。（原書名：*В японской неволе*）

- 井口和起編，《近代日本の軌跡　三　日清・日露戦争》，吉川弘文館，一九九四。
- 大谷正，《近代日本の対外宣伝》，研文出版，一九九四。
- 伊藤隆，《日本の近代　十六　日本の内と外》，中央公論新社，二〇〇一。
- 黑岩比佐子，《「食道楽」の人　村井弦斎》，岩波書店，二〇〇四。
- 宮脇昇，《ロシア兵捕虜が歩いたマツヤマ——日露戦争下の国際交流》，愛媛新聞社，二〇〇五。
- 村井弦齋，《食道楽　上・下巻》，岩波文庫，二〇〇五。
- 吹浦忠正，《捕虜たちの日露戦争》，日本放送出版協會，二〇〇五。
- 《文藝倶楽部》，博文館，一九〇四年七月十五日定期增刊號。
- 《報知新聞》，一九〇四年三月二十四日。
- 《北国新聞》，一九〇五年三月二十九日。
- 「亞洲歷史資料中心」所藏之俘虜相關資料等。

〔西園寺公望〕

- 西園寺公望著，國木田獨步編，《陶庵隨筆》，新聲社，一九〇三。
- 內田魯庵，《おもひ出す人々》，春秋社，一九二五。
- 安藤照，《続お鯉物語》，福永書店，一九二七。

・竹越與三郎，《陶庵公——西園寺公望公伝》，叢文閣，一九三〇。
・西園寺公望著，小泉三申編，《欧羅巴紀遊抜書》，小泉三申，一九三二。
・木村毅、齋藤昌三合編，《魯庵隨筆　紫煙の人々》，書物展望社，一九三五。
・內山慶之進編，《西園寺公追憶》，中央大學，一九四二。
・木村毅，《西園寺公望》，沙羅書房，一九四八。
・西園寺公望著，木村毅編，《西園寺公望自伝》，大日本雄辯會講談社，一九四九。
・秋山徳藏，《味》，東西文明社，一九五五。
・神崎清編，《明治文学全集　第九十六巻　明治記録文学集》，筑摩書房，一九六七。
・成瀬正勝編，《明治文学全集　第七十五巻　明治反自然派文学集（二）》，筑摩書房，一九六八。
・伊藤整，《日本文壇史　十一　自然主義の勃興期》，講談社，一九七一。
・濱田義一郎，《江戸たべもの歳時記》，中公文庫，一九七七。
・臼井吉見編，《明治文学全集　第九十九巻　明治文学回顧録集（二）》，筑摩書房，一九八〇。
・豐田穰，《最後の元老　西園寺公望　上・下巻》，新潮社，一九八二。
・和田利夫，《明治文芸院始末記》，筑摩書房，一九八九。
・立命館大學西園寺公望傳編纂委員會編，《西園寺公望伝　第一巻》，岩波書店，一九九〇。

• 立命館大學西園寺公望展實行委員會編，《最後の元老・西園寺公望展》，立命館大學，一九九〇。
• 和田利夫，《昭和文芸院瑣末記》，筑摩書房，一九九四。
• 立命館大學西園寺公望傳編纂委員會編，《西園寺公望伝　別巻二》，岩波書店，一九九七。
• 高橋正，《西園寺公望と明治の文人たち》，不二出版，二〇〇二。
• 岩井忠熊，《西園寺公望》，岩波新書，二〇〇三。
• 伊藤之雄，《元老　西園寺公望——古希からの挑戦》，文春新書，二〇〇七。
• 林泉，〈雨声会のこと〉，《書物展望》，一九四一年九月一日。
• 小泉三申，〈西園寺公望公を語る〉，《憲政資料シリーズ　尚友ブックレット第十三号》，二〇〇〇年四月號。

〔幸德秋水〕

• 克魯泡特金（Pyotr Alexeyevich Kropotkin）著，幸德秋水譯，《麵麭の略取》，平民社，一九〇九。（原書名：*La Conquete du Pain*）
• 松井柏軒，《四十五年記者生活》，博文館，一九二九。
• 師岡千代子，《風々雨々——幸徳秋水と周囲の人々》，隆文堂，一九四七。
• 社會經濟勞動研究所編，《幸徳秋水評伝》，伊藤書店，一九四七。

・堺利彥，《楽天囚人》，賣文社，一九四八。
・西尾陽太郎，《幸徳秋水》，吉川弘文館，一九五九。
・克魯泡特金（Pyotr Alexeyevich Kropotkin）著，幸德秋水譯，《麵麭の略取》，岩波文庫，一九六〇。（原書名：*La Conquete du Pain*）
・木村毅，《明治・大正暗黒事件秘話　まわり燈籠》，井上書房，一九六一。
・荒畑寒村，《寒村自伝　上巻》，筑摩書房，一九六五。
・豬木正道、勝田吉太郎合編，《世界の名著　四十二　プルードン・バクーニン・クロポトキン》，中央公論社，一九六七。
・德富蘇峰，《公爵山県有朋伝　下巻》，原書房，一九六九。
・飛鳥井雅道，《幸徳秋水》，中公新書，一九六九。
・伊藤整編，《日本の名著　四十四　幸徳秋水》，中央公論社，一九七〇。
・絲屋壽雄，《増補改訂　大逆事件》，三一書房，一九七〇。
・神崎清，《実録　幸徳秋水》，讀賣新聞社，一九七一。
・伊藤整，《日本文壇史　十六　大逆事件前後》，講談社，一九七二。
・飛鳥井雅道編，《近代日本思想大系　十三　幸徳秋水集》，筑摩書房，一九七五。
・神崎清，《幸徳秋水と明治天皇　大逆事件一～四》，あゆみ出版，一九七六～七七。
・弗雷德・諾特哈爾弗（Fred G. Notehelfer）著，竹山護夫譯，《幸徳秋水》，福村出版，一九

八〇。（原書名：*Kotoku Shusui: Portrait of a Japanese Radical*）
- 森長英三郎、仲原清合編，《大石誠之助全集　二》，弘隆社，一九八二。
- 幸徳秋水全集編輯委員會編，《幸徳秋水全集　第六巻、第八巻、第九巻、別巻一、別巻二》，明治文獻資料刊行會，一九八二。
- 末次勳，《食の科学叢書　十　菜食主義》，丸之內出版，一九八三。
- 西川文子著，天野茂編，《平民社の女——西川文子自伝》，青山館，一九八四。
- 御手洗辰雄，《日本宰相列伝　二　山県有朋》，時事通信社，一九八五。
- 林尚男，《平民社の人びと——秋水・枯川・尚江・栄》，朝日新聞社，一九九〇。
- 塩田庄兵衛編，《幸徳秋水の日記と書簡》，未來社，一九九〇。
- 高野澄，《人と思想　九十一　大杉栄》，清水書院，一九九一。
- 河田宏，《明治四十三年の転轍——大逆と殉死のあいだ》，社會思想社，一九九三。
- 草森紳一，《食客風雲録　日本篇》，青土社，一九九七。
- 小林弘忠，《巣鴨プリズン》，中公新書，一九九九。
- 《直言》，平民社，一九〇五年三月十九日、四月二日、九日號。
- 《家庭雜誌》，由分社，一九〇六年六月號。

〔其他〕

・墨堤隱士，《明治富豪致富時代》，大學館，一九〇二。
・山路愛山，《現代金権史》，服部書店・文泉堂書房，一九〇八。
・奧山益朗編，《味覚辞典——日本料理》，東京堂出版，一九七二。
・奧山益朗編，《味覚辞典——西洋料理》，東京堂出版，一九七四。
・前坊洋，《明治西洋料理起源》，岩波書店，二〇〇〇。

※本書日文初版於二〇〇八年由文藝春秋刊行。

國家圖書館出版品預行編目資料

舌尖上的外交：從幕末到明治，細數日本近代史上最美味的算計／黑岩比佐子著；陳心慧譯．-- 初版．-- 新北市：遠足文化，2020.09
264 面；14.8×21 公分．--（大河）
ISBN 978-986-508-070-9（平裝）

1. 飲食風俗 2. 文化史 3. 日本史

538.7831 109010320

舌尖上的外交
從幕末到明治，細數日本近代史上最美味的算計

作　　者——黑岩比佐子
譯　　者——陳心慧
特約編輯——陳柔君
編　　輯——林蔚儒
總 編 輯——李進文
執 行 長——陳蕙慧

行銷總監——陳雅雯
行銷企劃——尹子麟、余一霞
封面設計——高小茲
內文排版——張靜怡

社　　長——郭重興
發行人兼出版總監——曾大福
出 版 者——遠足文化事業股份有限公司
地　　址——231 新北市新店區民權路 108-2 號 9 樓
電　　話——(02) 2218-1417
傳　　真——(02) 2218-0727
客服信箱——service@bookrep.com.tw
郵撥帳號——19504465
客服專線——0800-221-029
網　　址——https://www.bookrep.com.tw
臉書專頁——https://www.facebook.com/WalkersCulturalNo.1
法律顧問——華洋法律事務所　蘇文生律師
印　　製——呈靖彩藝有限公司

定　　價——新台幣 360 元

初版二刷　西元 2021 年 05 月
Printed in Taiwan